에릭 바저허프는 우리가 쉽게 오용하는 성경 구절들을 고른 다음, 그 구절들이 진정으로 의미하는 바와 그것이 어떻게 우리 삶에 실제로 적용될 수 있는지를 차분하고 유쾌하게 설명해줌으로써 교회에 큰 공헌을 했다. 진작에 나왔어야 할 책이다. 여러분에게 기쁨으로 추천한다.

팀 챌리스 Tim Challies 『영적 도약을 위한 준비』(*The Discipline of Spiritual Discernment*)의 저자이며 목사

어떤 성경 구절이 수많은 사람이 생각하는 그런 의미가 아닌 이유를 설명하는 데 도움이 될 만한 책을 찾고 있었다면, 이 책이 바로 그 책이다. 이 책은 짧은 분량 안에서 이해하기 쉬운 언어를 사용하여, 반복적으로 오용되어왔던 성경 구절을 명확하게 설명해준다. 성경에 대한 오랜 오해의 끈을 풀고자 활발한 논의를 펼치고 싶은 개인이나 단체에게 이 책은 얼마나 귀중한 자원인지 모른다!

낸시 거스리 Nancy Guthrie 『구약성경에서 예수님 발견하기』(*Seeing Jesus in The Old Testament Bible Study Series*)의 저자이며 성경 교사

에릭 바저허프는 잘 알려진 많은 성경 구절이 곧잘 오해되고, 그로 인해 오용된다는 점을 잘 보여준다. 그는 역사적·문화적·문학적 문맥 및 단어의 의미와 장르, 번역에 주의하여 성경 구절을 살펴보는 것이 어떻게 해석과 적용의 오류를 피하고 성경의 목적과 메시지를 더욱 깊이 이해할 수 있게 하는지 설명한다.

리처드 슐츠 Richard Schultz 위튼 대학 구약학 블랜차드 석좌 교수이며 『문맥, 성경 이해의 핵심: 성경 해석의 오류를 피하는 방법』(*Out of Context: How to Avoid Misinterpreting the Bible*, 아가페북스 역간)의 저자

어떤 책을 보며, "누군가가 이 책을 쓰기까지 이만한 시간이 걸렸다는 사실을 믿을 수 없다"는 생각을 하게 될 때가 있다. 에릭 바저허프의 신간이 그런 경우다. 바저허프 목사는 가장 흔하게 사용되면서도 잘못 사용되는 성경 구절의 의미를 명확하게 규명하며, 이를 통해 독자들이 응용해석학 본문을 접하는 혜택을 추가로 누릴 수 있게 해준다.

「현대 개혁」*(Modern Reformation)*

성경 구절을 보는 학문적인 식견이 흠잡을 데 없다.…주요 도서관이라면 반드시 구비해두어야 할 책이다.

「포트랜드 서평」*(Portland Book Review)*

THE MOST MISUSED VERSES IN THE BIBLE

ERIC J. BARGERHUFF

가장 잘못 사용된 성경 구절

말씀에 대한 흔한 오해

에릭 J. 바저허프 지음 | 이옥용 옮김

Holy WavePlus

차례

감사의 말_ 11

1장
이 모든 것이 시작된 곳 15

2장
남을 비판하기 29

3장
너희를 위한 나의 생각은
평안이요 재앙이 아니니라 39

4장
두세 사람이 모인 곳에는 51

5장
내 이름으로 무엇을 구하든지 65

6장
모든 것이 합력하여 선을 이루느니라 75

7장
내 이름으로 일컫는 내 백성이 85

8장
예수, 모든 피조물보다 먼저 나신 이 93

9장
돈은 모든 악의 뿌리 101

10장
능히 감당할 수 있는 것만을 109

11장
아이에게 가르치라 117

12장
내가 모든 것을 할 수 있느니라 127

13장
눈에는 눈 137

14장
믿음의 기도 145

15장
회개하고 세례를 받으라 159

16장
네 마음을 지키라 167

17장
묵시가 없으면 173

18장
주 예수 이름 높이어 183

19장
결론 191

주_ 201

강단에서 전달되는 메시지가 하나님의 백성들에게

"올바르게 이해될" 수 있도록 하기 위해,

매주 엄청난 시간을 책상에 앉아 연구하는

모든 사람들에게 이 책을 바친다.

하나님의 말씀은 결코 헛되이

허공을 치지 않을 것이다.

/ 감사의 말 /

나는 늘 "기분 좋게 만드는" 설교를 들으면서 자랐다. 그러던 중 대학에 입학했을 때 누군가가 하나님의 말씀을 강해 형식으로 설교하는 존 맥아더 주니어(John MacArthur Jr.) 목사님의 테이프를 내게 건네주었다. 나는 "**이게** 뭐지?…내가 **원하던** 게 바로 이런 거야. 나는 이런 말씀을 듣고 싶을 뿐만 아니라 나 역시 이런 말씀을 **전하고** 싶어"라고 스스로에게 말했던 기억이 난다. 당시 85세였던 나의 성서학 교수 J. 레이 클링겐스미스(J. Ray Klingensmith) 박사는 "사람들은 하나님의 말씀에 갈급해하면서도 자신이 그렇다는 것조차 모른다. 그러나 그들이 하나님의 말씀을 듣고 믿고 그 맛을 알게 될 때, 말씀은 그들의 영혼의 양식이 된다. 다른 어떤 것도 그렇게 할 수 없다"라고 말씀하셨다.

나는 이 말이 옳다고 생각한다. 그리고 이것이 내가 목회 사역을 사랑하는 이유다. 하나님의 백성과 듣는 귀를 가진 모든 사람에게 하나님의 말씀을 선포하고 가르치고 풀어놓는 것보다 더 큰 특권은 없다. 그러나 내가 박사 과정에 있을 때 스승이었던 웨인 그루뎀(Wayne Grudem) 박사는 다음과 같이 말했다. "자네는 올바로 이해해야 할 걸세. 왜냐하면 사람들이 자네를 믿을 것이기 때문이네. 그리고 교사로서 우리 모두는 언젠가 자신이 한 말에 책임을 져야 하네." 그는 정곡을 찔렀으며, 그의 말은 나로 하여금 "진리의 말씀을 옳게 분변"하기 위해 성실히 노력하게 했다.

신실하게, 그리고 하나님께 모든 영광을 돌려드리는 방법으로 성경의 진리를 적절하게 해석하고 적용함으로써 그분의 말씀과 뜻을 왜곡하지 않는 것이 바로 이 책의 초점이다. 지금까지 내가 살아오는 동안 성경을 어떻게 다루어야 할지에 관한 모범을 보여준 분들이 참 많았다. 일일이 감사하려면 끝이 없을 것이다.

적은 지면이나마 이 책을 쓰는 데 큰 도움을 주신 분들께 감사를 하고 싶다. 이 책의 일부는 내가 6년 넘게 담임 목사로 섬겨왔던 클리어워터 교회에서 한 설교 시리즈다. 그 교회 공동체로부터 받은 피드백과 반응과 후원은 내게 큰 격려가 되었으며, 그들과 함께 주님을 섬길 수 있었다는 사실은 소중한 특권이었다. 진심으로 감사한다.

내 책을 일차로 교정해준 카렌 앤크릴(Karen Ancrile)에게도 큰 빚을 졌다. 카렌은 책의 초고를 읽고 비평하는 데 많은 시간과 노력을 아끼지 않았으며, 훌륭한 피드백과 유익한 제안을 주기도 했다. 그녀에게 아무리 감사해도 모자랄 것이다.

이 책이 만들어지기까지 뛰어난 리더십과 기량을 발휘해준 편집자 제프 브라운(Jeff Braun)에게 감사하고 싶다. 베다니 출판사 직원 모두와 함께 일할 수 있었던 것은 무한한 특권이다. 그들의 전문성과 능력은 단연 최고다.

마지막으로 우리 주 예수 그리스도께 모든 영광과 감사를 올려드린다. 그분의 말씀은 결코 사라지지 않을 것이다. 나는 어서 빨리 하늘 문이 열리기를 고대한다.

1장
이 모든 것이 시작된 곳

"눈에는 눈으로…."

"두세 사람이 내 이름으로 모인 곳에는 나도 그들 중에 있느니라."

"비판하지 말라. 너희가 비판하는 그 비판으로 너희가 비판을 받을 것이요."

영원한 베스트셀러인 성경에서 가져온, 널리 알려진 이 구절들은 자주 곡해되거나 오용되어왔다. 하지만 올바로 해석되고 적용될 때, 이 말씀들뿐 아니라 하나님의 영감을 받은 다른 진리들은 역사를 통해 수많은 세대의 사람들과 문화를 형성해왔다.

실제로 성경은 **삶을 변화시키는 책**이다. 성경은 하나님이 누구시며, 오늘날 우리가 살아가는 세상에서 그분이 어떻게 일하고 계시는가를 말해준다. 성경은 하나님이 과거에 얼마나 신실하게 역사하셨는가를 드러내며 또 미래를 향한 그분의 뜻이 무엇인가를 보여준다. 그러나 아마도 가장 중요한 것은 성경이 위대한 능력의 소유자이신 하나님의 작품이라는 점이다. 성경은 예수 그리스도를 믿음으로써 얻는 구원과 영생을 믿고 체험할 수 있도록 기록되었다.

성경 자체의 증언에 따르면, 성경은 성령의 영감으로 기록되었으며(또는 "호흡이 불어 넣어졌으며"), "교훈과 책망과 바르게 함과 의로 교육하기에 유익"하다(딤후 3:16). 따라서 성경은 우리에 대해 권위를 가진다. 그러나 이 권위는 성경이 어떻게 기능하는지 혹은 우리의 삶에서 어떤 자리를 차지하는지에서 나올 뿐만 아니라, 성경이 바로 하나님의 계시이며 음성이라고 주장하는 데서 나온다.

신자들은 성경을 하나님이 "살아 있고 활력이 있는" 말씀인 진리를 우리의 삶에 지속적으로 전해주시는 곳으로 간주한다. 그 말씀은 신자들의 삶의 모든 영역에서 충분한 기반이 되어준다.

1,500여 년 동안 약 40명에 달하는 저자들에 의해 기록된 성경은 놀라울 정도로 일관성이 있고 모순이 전혀 없다. 오랜 세월에 걸쳐 성경의 진정성과 완전성을 침해하려는 시도들이 있었지만 성경은 그 모든 시험을 견뎌냈다. 고고학까지도 성경의 역사성과 정확성을 실험과 관찰을 통해 입증해주었다. 모든 사실이 드러날 때마다, 성경은 오류가 없으며 모든 진리의 기초라는 것을 계속해서 스스로 보여줄 것이다.

그러나 성경이 잘못 다루어지거나 부적절하게 사용될 때 그것은 **위험한 책**이 될 수도 있다.

예를 들어 아돌프 히틀러(Adolf Hitler)가 예수님의 말씀을 원래 문맥과 상관없이 정치적 선전 도구로 악용한 일은 잘 알려져 있다. 1922년 뮌헨에서 행한 연설에서, 히틀러는 유대인들을 제거할 목적으로 예수님의 말씀을 제멋대로 사용했다. 그는 유대교의 대제사장과 지도자들이 성전을 강도들의 굴혈로 만들어 유월절을 훼손했을 때를 예로 들면서, 예수님이 성전 청결 사건을 통해 당대의 타락한 영적 지도자들을 꾸짖으셨던 일을 언급했다.

히틀러가 예수님의 말씀과 행동을 얼마만큼 왜곡했는지를 읽어보면 끔찍하다. 다음 인용문은 히틀러의 연설에서 발췌한 것이다.

> 나는, 그리스도인으로서 내 주님이자 구세주이신 분께서 전사였다는 느낌을 받는다. 그 느낌을 통해 나는 자신의 추종자 몇 사람에게만 둘러싸여 있는 고독 속에서, 유대인들의 실상을 인식하고 사람들을 불러모아 그들과 싸우게 하셨던 사람을 보게 된다.…나는 그리스도인이자 한 인간으로서 무한한 사랑을 가지고 어떻게 주님이 마침내 권능으로 일어나셨으며, 독사의 자식들을 성전에서 몰아내기 위해 채찍을 손에 쥐셨는지 말해주는 구절들을 읽어 내려갔다. 유대인이라는 독에 대항해 세상을 위해 싸우셨던 그분의 싸움은 얼마나 근사했던가![1]

히틀러는 예수님이 그 시대의 일부 사악한 무리를 향해 내뱉으셨던 말씀을 가져다가, 한 인종 전체에게 독이라는 꼬리표를 붙임으로써 그들 모두를 암적인 존재로 매도해버렸다.

나는 이것이 극단적인 사례라는 것을 알고 있다. 그러나 이것은 성경이 문맥과 상관없이 잘못 사용될 때 얼마나 큰 피해를 입힐 수 있는지를 보여준다. 이만큼 심각한 것은 아니지만, 좋은 의도를 가진 그리스도인들조차도 성경을 잘못 인용하고 그 의미를 오해함으로써 개인의 삶을 향한 하나님의 뜻을 혼동하고 잘못된 결정을 내리게 했다. 많은 이단들은 성경을 잘못 사용하거나 해석한 결과물이었다. 이런 일은 해석자의 의도가 제아무리 고귀하다고 해도 일어날 수 있다.

이 모든 것들이 이 책의 목적과 직결된다. 이 책의 목적은 성경에서 가장 잘못 사용되는 구절들, 본래의 문맥을 잃어버린 채 성경 이야기나 가르침과 동떨어져 새로운 의미를 띠게 된 구절들과 대면하는 것이다. 실상 "비판하지 말라. 너희가 비판하는 그 비판으로 너희가 비판을 받을 것이요"나 "눈에는 눈으로" 혹은 "두세 사람이 모인 곳에는"과 같은 말씀들은 더 자주 곡해되거나 오용되는 구절이다. 이 말씀을 포함한 여러 성경 구절을 적절한 문맥 안에서 바르게 해석하고 적용할 수 있도록 하는 것이 이 책의 목표가 될 것이다.[2]

분명 시대는 변하며, 그에 따라 적용도 달라질 수 있다. 그러나 **원저자의 의미와 의도, 그리고 그것으로부터 도출된 원칙은 변치 않고 영원하다**. 그러므로 이 말씀들이 기록되었을 때 그것이 실제로 무엇을 의미했는지를 이해한 다음, 오늘날에 맞게 제대로 적용하는 것이 필요하다. 그래야만 비로소 성령님이 의도하신 바대로 하나님의 말씀을 신실하게 사용한다고 말할 수 있을 것이다.

해 아래 새것이 없나니

당신이 한 말이 잘못 인용되어 본 적이 있는가? 당신이 무슨 말을 했는데 그 말이 문맥과 분리된 채 당신에게 불리하게 사용된 적이 있었는가? 이런 일은 단순히 좌절감을 맛보게 하는 것으로만 그치지 않는다. 이런 일이 일어날 때 우리는 그 일을 바로잡을 뿐만 아니라, 우리를 부정적으로 보이게 만드는 그릇된 정보로부터 자신을 방어하거나 변호하고 싶어진다.

이런 상황은 사소한 일에서 시작될 수도 있다. 당신이 누군가와 통화를 하고 있는데, 사랑하는 사람이 그 대화를 엿듣는다고 상상해보라. 그는 한쪽 말만 듣고 있기 때문에 대화의 전체적 상황이 무엇인지, 왜 그런 말을 하는지를 알지 못한다. 그래서 섣부른 가정을 하고 잘못된 결론을 내릴 수 있다.

정보화 시대인 오늘날에는 포토샵으로 수정된 사진, 편집된 음향, 본래의 상황과 분리시키면 오도되거나 악용되기 쉬운 단편적인 정보가 세상에 넘쳐난다. 이런 현상은 특히 정치의 영역에서 심심찮게 볼 수 있다. 정치인들의 말은 편집되거나, 도덕성을 훼손하는 데 사용되거나, 어리석거나 극단적인 견해를 가진 이로 비쳐지게 하는 데 사용되곤 한다.

이 모든 것은 불의를 유발하며, 우리로 하여금 "무엇이 진실인가?"라는 해묵은 질문을 떠올리게 한다. 그러나 전도서 저자가 적절히 말했듯이 "해 아래에는 새것이 없다"(전 1:9). 그릇된 인용, 잘못된 정보, 틀린 해석 등은 에덴동산에 뱀이 출몰하고 난 이후로 항상 존재했다고 할 수 있다. 그곳에서 사탄은 하나님의 말씀을 훼손하려고 했다. 그리고 사탄이 사용했던 전략과 전술은 오늘날도 여전히 사람들에 의해 다양한 차원에서 자행되고 있다.

창세기 3 장

인류의 시조인 아담과 하와는 하나님의 형상으로 만들어진, 전적으로 순수하고 축복받은 존재였다. 하나님은 그들을 위해 낙원을 창조하셨다. 그 동산은 하나님이 친히 "매우 좋다"고 선포했던(창 1:31) 창조의 작품으로부터 멋지게 엮어낸 조화로운 실재였으며, 식물과 동물로 충만했다. 아담과 하와가 하나님이 만드신 것들을 다스리고 땅을 정복하고 번성하라는 명령을 부여받은 곳도 이곳이었다. 그들은 하나님께 순종하는 가운데 그분과, 그리고 서로 간에 온전한 교제를 나누었다. 그러나 우리가 아는 것처럼 그 모든 것은 곧 바뀌게 될 것이었다.

하나님은 아담에게 동산의 나무와 관련하여 특별한 명령을 주셨다. 동산 나무의 열매들은 좋은 것이었지만 단 한 가지 예외가 있었다. 아담은 선악을 알게 하는 나무의 열매는 먹지 말아야 했다. 그것을 먹으면 반드시 죽게 된다. 하나님의 이 명령은 아담의 순종과 성품을 시험하는 것이었다. 아담은 하나님이 그에게 주실 여자에게 이 명령을 가르칠 책임이 있었다. 하나님이 그 명령을 주셨을 때만 해도 하와는 아직 존재하지 않았다.

타락한 천사인 사탄은 교활한 뱀의 모습을 하고 등장했다. 사탄의 심중에는 여러 의도가 있었다. 그는 하나님의 형상으로 만들어진 사람들을 지배하고 노예로 삼고자 진리를 왜곡하여 그분이 만드신 것을 파괴하려고 했다. 사탄은 사람들을 노예로 부리면서 그들의 운명을 조종하고 싶었다. 사탄은 하나님이 마땅히 계셔야 할 자리를 차지하고자 했으며, 이를 이루기 위해 진리와 생명의 원천인 그분의 음성을 훼손하려는 계략을 갖고 있었다. 그 이야기는 이렇게 시작한다.

> 그런데 뱀은 여호와 하나님이 지으신 들짐승 중에 가장 간교하니라. 뱀이 여자에게 물어 이르되 하나님이 참으로 너희에게 동산 모든 나무의 열매를 먹지 말라 하시더냐(창 3:1).

사탄의 일차 전술을 주목하라. 사탄의 첫 번째 공략은 "**하나님이 참으로…말씀하시더냐?**"라는 말로 의혹을 불러 일으키며 하나님의 말씀을 의심하게 하는 것이었다. 교활한 뱀은 거기서 멈추지 않고 한 걸음 더 나아간다. 뱀은 하나님의 말씀을 의도적으로 그릇되게 인용한다. "하나님이 참으로 너희에게 동산 **모든 나무**의 열매를 먹지 말라 하시더냐?" 뱀은 동산 안에 있는 특정한 나무 열매를 먹지 말라는 하나님의 처음 명령을 확장시켜 마치 동산의 **어떤 나무** 열매도 먹지 말라고 한 것처럼 들리게 했다. 이처럼 성경 전체에서 가장 먼저 나오는 질문은 하나님의 말씀을 그릇되게 인용한 것이다.

기특하게도 하와는 사탄에게 하나님의 명령을 다시 읊어주었다. 비록 원래의 명령에 없던 내용을 첨가하여 혼란을 초래했지만 말이다.

> 여자가 뱀에게 말하되 동산 나무의 열매를 우리가 먹을 수 있으나 동산 중앙에 있는 나무의 열매는 하나님의 말씀에 너희는 먹지도 말고 만지지도 말라 너희가 죽을까 하노라 하셨느니라(창 3:2-3).

하와는 동산 중앙에 있는 나무(짐작건대 "선악을 알게 하는 나무")를 제외하고는 모든 나무 열매를 먹을 수 있다고 함으로써 사탄의 말을 교정했다. 그러나 하나님이 말씀하신 적이 없는, 그것을 만지지도 말라고 했다는 말을 거기에 덧붙였다.[3]

그렇지만 하와(혹은 아담)가 파멸한 궁극적 원천은 그것이 아니었다. 인간의 행위에 대한 윤리적 제약과 경계를 뒷받침하는 선과 적법성에 대해 사탄이 냉소적인 의문을 제기하면서 더 강하고 치명적인 공격이 시작됐다.

> 뱀이 여자에게 이르되 너희가 결코 죽지 아니하리라. 너희가 그것을 먹는 날에는 너희 눈이 밝아져 하나님과 같이 되어 선악을 알 줄 하나님이 아심이니라(창 3:4-5).

이는 마치 사탄이 이렇게 말하는 것처럼 들린다. "이런 규칙이 도대체 뭐야? 왜 제한을 해? 너희는 자유로운 존재로 만들어지지 않았어? 하나님은 너희가 자신과 동등해질까봐 두려워하는 것을 모르겠니?" 사망으로 이끌 의혹의 씨앗이 하와 앞에 뿌려졌다. 덫이 설치된 것이다.

사탄이 하려고 했던 일에 주목해보라. 아마도 뱀은 하와가 하나님의 구속적인 명령을 새롭게 비추어보고, 원래 의도와는 다르게 이해하길 바랐으며, **새로운 맥락으로 덧입히기**를 원했다. 하나님과 동등하게 되려는 욕망이야말로 사탄 자신이 굴복한 바로 그 유혹이라고 신학자들은 종종 주장한다.

사탄이 "결코 죽지 않을 거야! 너희 눈이 밝아질 거야! 너희는 하나님같이 될 거야!"("거짓의 아비"로부터 나온 노골적인 거짓말이다; 요 8:44)라고 말했을 때, 그의 전술은 하나님의 말씀에 대한 직접적인 공격이었다. 뱀은 하나님을, 피조물에게 한계를 설정하지 않으면 자기를 불필요하게 생각할 거라고 두려워하는 이기적이고 불안정하며 위험을 자초하는 신으로 묘사했다. 더욱이 그는 제한이 없는 자유와 함께 인간 이성이야말로 최고의 미덕이라는 생각을 미끼로 던지기까지 했다. 혹 그것이 불충분하다면, 사람이 하나님처럼 될 수 있다거나 심지어 자기 자신의 신이 될 수 있다는 교만을 심어주려고 했다.

역설적이게도 역사 전체를 통해 그리고 오늘날에도 세상의 종교와 사이비 집단, 거짓된 가르침은 동일한 생각을 만들어낸다. 지식이 최고의 미덕이고, 사람은 자기 자신의 신이 될 수 있으며, 아무것에도 제약받지 않는 인간의 자유가 필수라는 생각 말이다. 사탄의 전략과 전술은 지금까지 거의 변하지 않았다. 그리고 이것의 뿌리는 창세기로 거슬러 올라간다.

물론 우리는 이 사건의 결과를 안다. 하와는 열매를 따먹었으며 함께 있었던 아담 역시 그것을 먹었다(창 3:6). 그 결과 그들의 "눈은 밝아졌다." 그들은 자신이 벌거벗었다는 것을 깨달았으며, 서둘러 몸을 가릴 것을 만들었다. 그들의 본능적 성향은 이제 자기 내면을 향하게 되었고, 자신을 창조하여 친밀한 교제를 나누길 원했던 하나님으로부터 숨으려고 했다. 그들은 하나님의 영광을 반영하도록 지음 받았으나 오히려 자기 영광을 추구했다.

인간의 모든 죄악의 중심에는 무법성과, 스스로 신이 되고자 하는 교만이 있다. 우리는 자신의 운명을 스스로 결정하고 자기 방식대로 행하고자 한다. 제약을 던져버리고는 온전한 하나님의 선하심과 그분의 말씀의 신실함을 의심한다. 이를 위해 우리는 그저 성경에 새로운 문맥을 덧입히고, 의미를 왜곡하며, 사람을 가장 영광스러운 존재로 만드는 방식으로 해석하기만 하면 된다.

뱀은 아담과 하와에게 불순종의 춤을 가르치는 데 성공했으며, 그것은 그들을 사망의 길로 인도했다.

패턴은 지속된다

성경의 권위를 악용하려는 사탄의 다양한 시도를 꿰뚫고 있는 분이 있다면 그는 바로 예수 그리스도다. 우리는 신약에서 사탄이 과거와 동일한 전략을 사용하는 것을 본다. 예수님이 쇠약해져 있는 순간에 사탄은 하나님의 말씀에 대한 전 방위적 공격을 퍼부으며 예수님을 공략했다.

상황은 간단하다. 누가복음 4장에서 예수님은 공생애를 막 시작하려고 하신다. 예수님은 세례 요한에게 세례를 받은 후 성령이 이끌려 유대 광야에서 마귀에게 시험을 받으신다. 이 모든 것은 예수님의 지상 사역을 준비하기 위한 것이다. 이때 사탄이 예수님을 처음에는 음식으로 유혹하고, 그 다음에는 땅을 다스리는 일시적인 권능으로 시험한다(영과 육을 겨냥한 화살이다). 사탄은 하나님을 자신의 수준으로 끌어내림으로써 다시 한 번 하나님과 동등해지려고 안간힘을 썼다.

그러나 무흠한 그리스도는 오래전 하나님의 종 모세가 기록한 신명기 말씀을 힘입어 처음 두 번의 공격을 물리치신다. 그리스도께서는 시험을 이기는 도구가 하나님의 말씀이라는 것을 알고, 자신을 공격하는 자와 싸우기 위해 정확하게 "검"을 휘두르신다. 그러자 마귀는 세 번째이자 아마도 가장 창의적인 방법으로 공격을 시도한다. 그는 예수님이 사용하신 무기, 곧 하나님의 말씀을 역이용한다. 그는 시편 91편의 한 부분을 가져다가 자기 목적에 맞춰 조작한다.

> 또 [마귀는] 그를 이끌고 예루살렘으로 가서 성전 꼭대기에 세우고 이르되 네가 만일 하나님의 아들이어든 여기서 뛰어내리라. 기록되었으되 하나님이 너를 위하여 그 사자들을 명하사 너를 지키게 하시리라 하였고, 또한 그들이 손으로 너를 받들어 네 발이 돌에 부딪치지 않게 하시리라 하였느니라(눅 4:9-11).

여기서 흥미로운 점은 사탄이 하나님의 말씀을 숙지하고서 사용할 뿐만 아니라, 이번에는(에덴동산에서와는 달리) 그 말씀을 정확하게 인용한다는 점이다. 달리 말하면, 이것은 그 구절을 그릇되게 혹은 부정확하게 인용하는 것이 아니라 **악용**하는 것이다.

마귀는 자기 백성을 보호하신다는 하나님의 약속을 담은 시편 91편의 아름다운 구절을 액면 그대로 보지 않고, 그분의 주권을 시험하는 상황에 부적절하게 적용한다. 마귀는 예수님으로 하여금 무모한 행동을 하도록 유혹한 다음, 만약 정말 하나님의 말씀이 진리라면 하나님이 그를 보호하실 것이라고 주장한다. 그러나 이것은 하나님의 말씀을 명백하게 악용하는 것이다.

그것은 마치 누군가가 "이봐, 만약 하나님이 다스린다면 시속 160킬로미터로 고속도로를 주행하는 게 무슨 문제가 되겠어? 하나님이 당신을 보호해줄 텐데, 안 그래? 당신이 갈 때가 아니라면 아무 일도 일어나지 않을 거야"라고 떠벌임으로써 당신을 시험하는 것과 같다. 하지만 이런 식의 사고와 주장은 어리석기 그지없다. 그것은 하나님을 시험함으로써 그분의 주권 개념을 악용하는 것이다. 예수님은 그것을 간파하시고 다시 한 번 성경(신 6:16)을 인용하는 동시에 그것을 정확하게 적용하여 마귀의 공격을 물리치신다.

> 예수께서 대답하여 이르시되 주 너의 하나님을 시험하지 말라 하였느니라(눅 4:12).

이것을 보면 사도 바울이 옳았다. 사도 바울은 에베소서 6장에서 마귀의 사악한 계략을 능히 대적하기 위해 하나님의 전신갑주를 입으라고 지시했다. 그는 이를 로마 군사(아마도 에베소서를 쓰고 있는 동안 시야에 들어왔을 것이다)의 갑옷에 비유하면서 진리의 허리띠를 띠고 의의 호심경을 붙이라고 말했다. 에베소 성도들은 복음의 메시지를 마음에 품어야 했는데, 이것은 마치 전쟁터에서 든든히 서 있게 해줄 신발을 신는 것과 같았다. 또한 그들은 믿음의 방패를 들고 구원의 투구를 써야만 했다.

이것들 대부분은 방어용 무기다. 그러나 전신갑주의 다른 한 부분은 공격을 위한 것이었다. 바울은 그것을 성령의 검 혹은 하나님의 말씀이라고 불렀다. 이는 하나님의 진리에 본질적으로 적대적인 생각과 주장을 하는 마귀의 견고한 진, 즉 거짓된 가르침을 파할 수 있게 해준다.

성경이 올바르게 사용될 때 그것은 전투에서 그리스도인의 능력이

자 힘의 원천이 된다. 단언컨대 우리는 지금 이 어두운 세상에서 어느 때보다 더 치열하게 진리에 관한 영적 전쟁을 하고 있다.

그러므로 성경에서 가장 잘못 사용되는 구절을 탐구하는 이 여정을 시작하면서, 우리는 하나님의 말씀을 잘못 인용하고 오용하는 것이 바로 세상에서 하나님의 정당한 권위와 통치를 약화하려는 사탄의 핵심 전략과 전술임을 먼저 깨달아야 한다. 사실 이것이야말로 사탄이 인류를 파멸의 길로 이끌었던 방법이다.

오늘날 우리가 성경을 잘못 사용하거나 조작하여 같은 유혹에 빠진다면, 다른 사람들로 하여금 길을 잃게 하는 거짓말을 이어가는 것이다. 그러므로 가능한 한 정밀하고 정확하게, 적합한 문맥 안에서 진리의 말씀을 탐구하고 옳게 "구분하는" 것이 매우 중요하다.

2장
남을 비판하기

"비판을 받지 아니하려거든 비판하지 말라."

_마태복음 7:1

이 구절은 질책을 받을 때 그에 대해 방어를 하거나 혹은 논쟁적인 대화를 할 때마다 무수히 많이 사용되었던 구절이다. "비판을 받지 아니하려거든 비판하지 말라." 많은 사람들이 예수님의 이 유명한 말씀을 암송하지만, 정작 이에 대해서는 심각한 오해를 하고 있다. 마태복음 7:1은 지금까지 성경에서 가장 빈번하게 잘못 적용되는 구절이며, 그리스도인과 비그리스도인을 막론하고 즐겨 사용하면서도 오용하는 대표적 구절이라고 할 수 있다.

이 구절을 잘못 다루는 사람들은 종종 이를 "죄를 가리우는 방패"로 이용한다.[1] 즉 다른 사람을 궁지에 몰아넣고, 윤리적 제한이나 책임에 대해서는 아랑곳하지 않고 마음 내키는 대로 살아가는 것을 정당화하는 방어벽으로 사용하는 것이다. 그들은 이렇게 반박한다. "우리는 모두 죄인 아니야? 다른 사람을 도덕적으로 판단할 권리를 누가 준단 말이지? 그것은 하나님만이 하실 일이 아닌가?"

그러나 마태복음 7장의 문맥과 성경의 다른 가르침을 자세히 들여다보면, 이 구절이 제약 없는 윤리적 방종과 자율 및 독립을 정당화하는 데 사용될 수 없다는 것은 확실하다. 그것은 예수님의 참 의도가 아니다. 예수님은 다른 사람을 도덕적으로 판단하지 못하게 하면서 도덕적 책임을 회피하려는 태도를 옹호하시지 않았다.

반대로 예수님은 다른 사람들의 죄는 재빨리 찾아내면서도 정작 **자신이 들이대는 동일한 기준으로 스스로를 성찰하지 않는** 눈먼 바리새인들의 위선을 드러내어 꾸짖으셨다. 조만간 이것을 살펴볼 것이다.

그러나 우선은 마태복음 7:1에 집중해보자. 이 구절은 예수님의 산상 설교 안에 있다. 산상 설교는 그리스도의 헌신된 제자로 살아가는 것이 무엇인지, 즉 하나님을 경외하여 거룩함을 추구하는 사람으로 신실하게 살아가는 것이 무엇을 의미하는지에 대한 예수님의 가르침이다. 여기서 예수님은 하나님 나라 시민으로서의 삶과 일치하는 지고한 도덕적 기준을 선포하고 있다.

달리 말하면, 구원을 얻기 위해 회개하고 오직 예수님만을 믿고 신뢰하는 사람들은 "하나님의 자녀"가 되고 하나님의 가족으로 입양되며, 예수님이 이 땅에 세우신 영적 왕국의 구성원이 된다. 이 왕국에서 사는 신자들은 다른 삶을 살도록 부르심을 받으며, 예수님은 그것이 어떤 것인가를 실제적으로 설명하고 있다. 예수님은 온 마음을 다해 하나님을 사랑하고 또 자기 자신처럼 이웃을 사랑하는 것의 의미를 반영하는 강한 도덕적 윤리를 확립하시는데 그의 말씀은 이해하기가 어렵지 않다. 예수님은 바로 이 지점에서 위선의 문제를 지적하며 다음과 같이 말씀하신다.

> 비판을 받지 아니하려거든 비판하지 말라. 너희가 비판하는 그 비판으로 너희가 비판을 받을 것이요, 너희가 헤아리는 그 헤아림으로 너희가 헤아림을 받을 것이니라.
>
> 어찌하여 형제의 눈 속에 있는 티는 보고 네 눈 속에 있는 들보는 깨닫지 못하느냐. 보라 네 눈 속에 들보가 있는데 어찌하여 형제에게 말하기를 나로 네 눈 속에 있는 티를 빼게 하라 하겠느냐. 외식하는 자여 먼저 네 눈 속에서 들보를 빼어라. 그 후에야 밝히 보고 형제의 눈 속에서 티를 빼리라(마 7:1-5).

이 말씀을 하실때, 예수님이 바리새인들을 똑바로 바라보고 계셨는지가 궁금하다. 예수님은 복음서에서 여러 차례에 걸쳐 바리새인들의 뻔뻔한 위선과 인간이 만든 실현 불가능한 기준들을 꾸짖으신다. 바리새인들은 다른 사람의 잘못을 비난하면서도 자신들 역시 동일한 짓을 함으로써 욕을 먹는 사람들로 유명했다.

얼마나 우스꽝스러운 일인가. 예수님은 비판이 항상 상호적인 것이라고 말씀하셨다. 달리 말하면, 그들이 다른 사람의 삶을 판단하는 데 사용하는 잣대와 동일한 기준을, 하나님이 그들의 삶을 판단하는 데 사용하신다는 말이다. 당신과 같은 사람들에게 판단받는 것과, 하나님에게 판단받는 것은 천지 차이라는 것을 꼭 마음에 새기길 바란다. 위선적인 바리새인들은 하나님께 판단받을 위험에 처해 있었다.

예수님이 위선자에게 더 큰 문제가 있을 것이라고 말씀하신다는 점에 주목하라. 왜냐하면 그들의 죄는 티끌이 아니라 들보에 비견할 수 있기 때문이다(이는 완전히 다른 차원이다. 그리고 그들은 그 들보 꺼내기를 거부했다).

이는 다른 사람들의 작은 죄는 지적하면서 자기 자신의 엄청난 죄는 고의적으로 간과해왔던 사람에게 더 큰 심판이 준비되어 있음을 의미한다. 예수님은 이 점이 바뀌어야 함을 힘주어 말씀하시며, 다음의 계명을 주신다. 즉 **위선적으로 사람들을 판단하는 일을 멈추고, 네 삶에서 죄를 없애라는 것이다.**

그러나 좀 더 확실하게 짚어보자. 예수님은 우리에게 인간의 행위를 윤리적으로 판단할 권리가 없다고 말씀하시는 것이 아니다. 그리고 다른 사람에게 책임을 물을 권리가 없다고 하시지도 않는다. 예수님은 상호 간에 책임을 묻는 일과 윤리적 책임을 지는 것, 그리고 교회에서 죄를 다루는 일을 비판하시는 것이 아니다. 지금 그분은 위선에 대해 말씀하고 계신다.

만일 당신이 다른 지체들과 동일한 죄를 짓고 있으면서도 그 죄를 멀리하거나 또는 반복하지 않으려는 노력은 기울이지 않으면서, 다른 그리스도인들의 구체적인 죄에 대해 책임을 묻는다는 것은 (아무리 그럴 권리가 있다 해도) 말이 안 된다.

예를 들어 당신은 다른 신자가 욕설을 내뱉는 것을 듣고서는 아무도 없는 곳에서 겸손한 마음으로 사랑을 담아 온유하게 그의 행동을 바로잡아준다. 그런데 막상 당신은 곧바로 친구와 통화하면서 교회 안의 누군가에 대한 흥미로운 소문을 주고받는다. 그렇다면 다른 사람의 혀는 고쳐주려고 하지만 정작 자신의 혀를 고치거나 억제하는 것은 원치 않는다는 것인가?

또는 쇼핑몰에 가는 십대 딸의 옷차림을 신경 쓰는 아버지가 있다고 가상해보자(그는 딸이 정숙하기를 원하며, 이 부분에서 남자들이 얼마나 씨름해야 하는지를 이해한다). 아버지는 딸의 옷차림에 대해 왈가왈부할 수 있는 권리를 가지고 있는가? 당연히 그렇다. 책임감 있는 아버지이자 성숙한 어른으로서 그는 자기 자녀들을 위해 성경 원칙에 부합하는 윤리적 한계를 세울 모든 권한을 갖고 있다(이 경우에는 정숙이 그 관건이다).

그런데 딸이 쇼핑몰로 간 직후에 아버지가 혼자 집에 있다고 생각해보자. 그는 즉시 컴퓨터를 켠다. 그리고 야한 동영상을 찾기 위해 인터넷을 검색한다. 방금 전만 해도 그는 딸에게 정숙해야 한다고 한바탕 설교를 늘어놓았다(그것은 옳은 일이다). 그러나 바로 다음 순간 자기 눈과 마음을 방탕함에 뺏기고 성적인 환상에 빠져들어 간다. 내 친구들이여! 이것이 바로 위선이다. 예수님이 비난하신 것은 바로 이런 종류의 행동이다. 아버지는 자신도 기꺼이 따르려고 하지 않는 기준을 딸에게 들이대서는 안 된다.

불행하게도 언행이 일치하지 않는 그리스도인들 때문에 교회의 평판이 땅에 떨어지는 일이 많이 일어났다. 우리가 완벽할 수 있다고 말하는 것은 아니다. 그러나 교회의 평판뿐만 아니라 우리가 대변하는 그리스도의 이름을 보호하기 위해서도 정직하고 표리가 일치하는 삶을 사는 것은 중요하다.

사실 우리 모두는 자신의 삶에 잠복해 있는 죄에 대해 슬퍼해야 한다. 우리 속의 죄를 발견할 때면 그것을 고백하고 하나님을 두려워하는 마음으로 끊어버려야 한다. 이렇게 지속적으로 할 때에야 비로소 우리는 교회 안 형제자매의 삶 속에 있는 죄에 대해 말할 자격이 생기고 또 말할 수 있게 된다. 바로 이것이 마땅히 해야 할 바다.

성경은 하나님을 기쁘시게 하는 삶을 살도록 서로 권면하는 것이 우리의 의무라는 것을 분명히 말한다. 우리는 우리가 진정으로 죄를 회개하고 그리스도를 믿음으로 영접했다는 것을 우리 삶으로 보여주어야 한다. 그러기 위해서는 종종 필요에 따라, 또한 사랑 안에서 서로 교정하고 책망하고 격려하라는 부르심을 받는다.

다시 말하지만, 어느 누구도 살아가면서 완벽한 수준에 도달하지는 못한다. 그러나 타락한 육신적 삶의 결과물인 죄를, 우리는 **함께** 대항하는 가운데 버려야 한다. 말하자면 "옛 사람을 벗어 버리고 새 사람을 입어야 하며" 하나님을 경외함으로 더욱 거룩해져야 하는 것이다. 그러나 내주하시는 성령님의 도움과, 그리스도 안에서 형제 자매 된 이들의 상호 권면과 책무 없이는 이것을 이룰 수 없는 것이 현실이다. 이것을 혼자 할 수는 없다. 우리는 서로가 필요하다!

사도들이 죄와 싸우는 데 있어 남을 도우라고 말한 이유가 바로 이것이다. 예컨대 야고보는 이렇게 말한다.

> 내 형제들아 너희 중에 미혹되어 진리를 떠난 자를 누가 돌아서게 하면 너희가 알 것은 죄인을 미혹된 길에서 돌아서게 하는 자가 그의 영혼을 사망에서 구원할 것이며 허다한 죄를 덮을 것임이라(약 5:19-20).

바울도 갈라디아서에서 유사한 말을 했다.

> 형제들아 사람이 만일 무슨 범죄한 일이 드러나거든 신령한 너희는 온유한 심령으로 그러한 자를 바로잡고 너 자신을 살펴보아 너도 시험을 받을까 두려워하라. 너희가 짐을 서로 지라. 그리하여 그리스도의 법을 성취하라(갈 6:1-2).

여기서 야고보와 바울 모두 두 가지를 가정하고 있다는 점에 주목하라. 첫째, 동료 신자들이 좁고 바른 길에서 벗어나 방황할 때가 있을 것이라는 점이다. 둘째, 그리스도인들이 사랑하는 마음으로 형제자매를 잘못된 길에서 돌이키고 죄의 파괴적인 힘으로부터 구원하기 위해 그들에게 다가갈 것이라는 점이다(마 18:15-17에서 예수님이 이를 위해 사용하시는 방법을 보라).

우리는 복음을 들어야 할 필요가 있는 교회 **밖의** 사람들에게 회개와 믿음의 메시지를 선포하는 사명을 받았기 때문에, 교회 **안에** 있는 사람들에게도 동일한 회개와 믿음의 메시지를 선포해야 할 필요가 있다.

그러므로 예수님은 윤리적인 판단이나 책임을 묻는 것 전부를 금지한 것이 아니다. 다만 자신의 영적인 상태를 돌아보며 죄를 끊어버리고자 하는 결단은 하지 않으면서, 남을 냉혹하고 교만하며 위선적인 마음으로 판단하는 것을 금지하시는 것이다.

"비판하지 말라"는 말씀을 오용하는 경우가 만연한 것을 볼 때마다, 최근 들어 건전한 성경 연구의 원칙이 얼마나 훼손되었는지를 알 수 있다는 것이 나의 생각이다. 또한 이는 자신의 행위에 대해서 책임을 지지 않으려고 하는 우리 문화의 상태를 보여준다.

현재의 이런 세태와 정서는 성경의 가르침과 정면으로 위배된다. 성경의 전반적인 가르침에 의하면, 하나님의 형상으로 창조된 사람들은 하나님과 동료 인간에 대해 윤리적으로 책임을 져야 하기 때문이다. 따라서 "비판하지 말라"를 윤리적 책임으로부터 벗어나려는 수단으로 사용하는 것은 그 구절을 성경의 다른 부분과 정면으로 대치되게 해석하는 것이다.

우리는 "모든 성경은 하나님의 영감으로 된 것", 즉 성령의 감동으로 된 것이므로 오류가 없으며 결코 모순되지 않는다는 점(하나님은 절대로 스스로 모순되지 않기 때문에)을 기억해야 한다. 그러므로 주어진 성경 구절을 성경의 다른 본문에서 발견되는 원칙 및 가르침과 항상 비교하면서 해석하는 것이 지혜롭다. 이것은 건강한 견제와 균형을 이루게 해주며, 틀린 해석과 논리적 모순 및 부적절한 적용을 피할 수 있도록 도와준다.

3장

너희를 위한 나의 생각은 평안이요 재앙이 아니니라

"여호와의 말씀이니라. 너희를 위한 나의 생각을 내가 아나니 평안이요 재앙이 아니니라. 너희에게 미래와 희망을 주는 것이니라. 너희가 내게 부르짖으며 내게 와서 기도하면 내가 너희들의 기도를 들을 것이요. 너희가 온 마음으로 나를 구하면 나를 찾을 것이요. 나를 만나리라." _예레미야 29:11-13

인디애나 주의 시골에서 자란 나는 여름방학 활동으로 수련회를 가장 좋아했다. 여름이 되면 나는 일주일 동안 인디애나 주 시프셰와나(Shipshewana)의 아미쉬 마을로 널리 알려진 넓고 아름다운 농지의 호숫가에서 작은 복음주의 교회가 개최한 수련회에 참석하곤 했다. 어린 시절 가장 심오한 영적 성장을 경험한 순간이 있었다면 바로 이곳에서였을 것이다.

해마다 수련회가 끝날 때면 새로 사귄 친구들과 작별하는 것이 큰 슬픔이었다. 그렇지만 수련회 마지막 날에는 수련회 참가자, 선생님, 요리사들과 함께 찍은 흑백으로 된 단체사진을 나누어주었는데, 그 사진을 통해 추억이 되살아나곤 했다.

내가 기독교의 새로운 개념인 "내 인생의 성경 구절"에 접하게 된 것도 바로 거기서였다. 그 자초지종은 이렇다.

대다수 친구들은 단체사진 뒷면에 근사한 말 몇 마디를 쓴 후 자기 이름을 적곤 했다. 그런데 몇몇 친구들은 거기에 성경 구절을 적었다. 요한복음 3:16, 빌립보서 4:13을 비롯한 인기 있는 구절들이었다. 그 구절들은 친구들에게 특별한 의미가 있었고, 그들은 그 말씀 위에 "삶을 세워나가고자" 했다.

집으로 돌아오는 차 안에서 나는 친구들이 자기 이름 옆에 적었던 성구들을 열심히 찾아보았다. 그것은 마치 보물찾기를 하는 것 같았다. 친구들이 가장 좋아하는 구절이 무엇인가를 발견해가는 여정이었다. 그 모든 것이 너무나 멋지고 가슴 설레는 것임을 알게 된 나는, 나만의 "인생 구절"을 찾기로 결심했다. 그리고 당시나 지금이나 여전히 인기 있는 예레미야 29:11-13을 선택했다.

예레미야 29:11-13은 나의 성경 구절로 삼기에 참 멋지지 않은가! 더군다나 그 성구는 외우기도 쉽고 이해하기도 어렵지 않았다. 거기에는 강력한 메시지와 위대한 약속이 담겨 있었다. 그 구절을 싫어할 이유가 있을까? 번영, 보호, 위대한 미래의 소망. 이것들은 모든 그리스도인이 자신의 삶 속에서 실현되기를 원하는 것이다. 그것은 마치 하나님이 보증하시는 아메리칸드림을 외치는 것과 같았다.

곧바로 이 구절은 나의 인생의 구절이 되었을 뿐만 아니라, 내가 하나님이 원하시는 것을 행하면서 "온 마음으로" 하나님을 찾을 때, 하나님께서 **지금 여기서** 내 삶을 어떻게 축복하실지 간절히 기대하게 만들었다.

그러나 여기에는 다음의 문제가 도사리고 있다. 나의 시간표와 나의 정의에 합당한 번영과 축복의 삶을 위해 하나님에게 올가미를 씌우는 것이 이 구절을 바르게 사용하는 것인가? 이에 대한 대답은 예레미야 29장의 문맥을 세밀하게 살펴보는 데 있다.

성경 역사에서 이 시대는 절망스런 시기였다. 당시 하나님 백성인 이스라엘 사람들에게 삶은 결코 장밋빛이 아니었다. 왕과 영적 지도자들은 부패할 대로 부패해 있었다. 백성은 하나님의 명령에 불순종했으며, 그들이 통혼한 주변의 이방 민족도 그들을 곁길로 이끌어 다른 신들을 섬기게 했다. 이스라엘 백성은 자신들만의 고유한 특성을 잃어버렸으며, 하나님이 모세를 통해 그들과 맺었던 언약을 깨뜨렸다.

하나님도 더 이상은 참지 못하셨다. 백성 중에 소수의 신실한 자들이 남아 있기는 했지만, 대다수는 하나님께 등을 돌렸다. 그리고 이런 일이 일어날 때면 늘 그랬듯이, 하나님은 그들 가운데 예언자를 세우셔서 신적인 대변인 역할을 하게 하셨다.

이렇게 해서 하나님이 택한 사자인 예언자 예레미야가 등장한다.

예언자의 역할은 다양했다. 예언자는 시시때때로 설교하고 가르치고, 왕과 지도자들에게 조언하고, 미래를 예언하는 임무를 부여받았다. 그러나 이번에 예레미야에게는 부담스런 임무가 추가되었다. 하나님의 백성을 향해 심판과 진노를 선포해야 했던 것이다. 그들은 대적들에게 정복당할 것이며, (먼 지역으로) 끌려가 오랜 세월을 포로로 살아야 했다. 예레미야는 바로 이런 메시지를 전달하는 임무를 받았다.

그러나 하나님의 백성에게는 이런 메시지만 있었던 것은 아니었다. 이기적인 목적으로, 백성이 듣고 싶어하는 말을 기꺼이 들려주는 거짓 예언자들이 정반대의 메시지를 선포했던 것이다. 예레미야 28장에서, 하나냐라는 거짓 예언자가 나타나 예레미야의 메시지와는 다른 훨씬 더 듣기 좋은 말씀, 즉각적으로 인기를 끌 것이 확실한 메시지를 전했다.

예고되었던 심판이 임하고 사람들이 포로로 끌려가기 시작할 때, 하나냐는 하나님의 심판이 상대적으로 가벼우며 고작 **2년** 만에 끝날 것이라는 거짓 예언을 한다. 하나냐의 예언은 심판과 포로기가 **70년** 동안 지속될 것이라는 앞선 예레미야의 선포(렘 25:11을 보라)와 정면으로 대치되는 것이다.

그렇다면 둘 중 누구의 말이 옳은가? 예레미야가 옳다. 예레미야는 결국 하나냐와 대면하여, 하나냐의 거짓 주장으로 인해 하나님께서 그를 심판하실 것이며, 거짓말의 결과로 그가 곧 죽게 될 것이라고 말한다.

> 하나냐여, 들으라. 여호와께서 너를 보내지 아니하셨거늘 네가 이 백성에게 거짓을 믿게 하는도다. 그러므로 여호와께서 이와 같이 말씀하시되 내가 너를 지면에서 제하리니 네가 여호와께 패역한 말을 하였음이라. 네가 금년에 죽으리라 하셨느니라 하더니(렘 28:15-16).

이 이야기는 다음과 같은 짧고 명확한 진술로 지체 없이 결론을 맺는다.

예언자 하나냐가 그 해 일곱째 달에 죽었더라(17절).

하나냐에 대한 예레미야의 예언은 이루어지고 (사람들이 듣고 싶어 하는 것을 말해주는) 하나냐의 "번영 복음"은 붕괴되었다. 그것은 거짓이었다.

이 모든 것은 하나님의 백성이 70년 동안 포로 생활을 하게 될 것이라는 예레미야의 처음 예언으로 우리를 다시 데리고 간다. 이것은 절망적인 말씀이다. 대다수의 백성은 오래 살아남지 못할 것이 확실했고, 나머지는 평생 집을 떠나 이국땅에서 노예 생활을 견뎌야만 했다. 하나님의 백성 중에 있는 "신실한 자들"조차도 포로로 끌려가게 되었다.

예레미야는 이 엄중한 현실 앞에서 너무나 마음이 아픈 나머지 포로로 잡혀간 와중에도 살아남을 사람들에게 편지를 보내기로 결심한다. 그는 하나님으로부터 온 말씀을 가지고 있었다. 하나님은 포로로 끌려가는 사람들과 그들의 후손들을 장차 바빌로니아(현재의 이라크)에서 보내게 될 70년의 세월에 대해 준비시키기를 원하셨다. 그들은 강제로 노예가 될 것이고, 바빌로니아는 그들의 진정한 고향이 되지 못할 것이다. 그럼에도 불구하고 하나님은 이들에게 그곳에 정착해서, 집을 짓고, 밭을 갈고, 결혼하고, 자녀를 낳으라고 말씀하신다. 나쁜 상황에서도 최선을 다하라는 것이다.

그들은 자신을 포로로 잡아간 사람들을 위해 기도하라는 권면을 받는다. 그들을 포로로 잡아간 사람들이 번영하면 궁극적으로는 그들 역시 번영하게 되리라는 것을 알았기 때문이다. 하지만 그들은 여전히 거짓말을 일삼는 거짓 예언자들에게 재차 속는 일만큼은 피해야 했다. 이런 사기꾼들은 아첨하고, 거짓 약속을 하며, 하나님을 따르는 대신 온통 자기중심적인 꿈을 추구하라는 메시지를 선포하여 진리를 왜곡했다.[1] 그들은 하나님이 보낸 예언자가 아니었다.

사실을 말하자면, 하나님의 백성은 고된 노역으로 점철될 70년을 내다보고 있었다. 그 기간은 그들의 평생보다 더 길게 이어질 연단과 훈육의 시간이 될 것이었다. 또 그 기간은 원수들에게 지배당하고 노예가 되는 굴욕적인 시간, 힘겨운 삶이 될 것이었다.

그러나 예레미야는 백성에게 좋은 소식도 준다. 그리고 바로 이 대목에서 "내 인생의 성경 구절"이 나타난다.

> 여호와께서 이와 같이 말씀하시니라. 바벨론에서 칠십 년이 차면 내가 너희를 돌보고 나의 선한 말을 너희에게 성취하여 너희를 이곳으로 돌아오게 하리라 여호와의 말씀이니라. 너희를 향한 나의 생각을 내가 아나니 평안이요 재앙이 아니니라. 너희에게 미래와 희망을 주는 것이니라. 너희가 내게 부르짖으며 내게 와서 기도하면 내가 너희들의 기도를 들을

것이요 너희가 온 마음으로 나를 구하면 나를 찾을 것이요 나를 만나리라. 이것은 여호와의 말씀이니라. 나는 너희들을 만날 것이며 너희를 포로된 중에서 다시 돌아오게 하되 내가 쫓아 보내었던 나라들과 모든 곳에서 모아 사로잡혀 떠났던 그곳으로 돌아오게 하리라. 이것은 여호와의 말씀이니라(렘 29:10-14).

이 문맥에서 우리가 즉각 주목해야 하는 것들이 몇 가지 있다. 첫째, 여기서 하나님은 유다 국민을 향해 말씀하고 계시다는 점이다. 이것은 유다 국민을 위한 하나님의 (공적인) 계획이지, 어떤 한 개인에게 주는 사적인 약속이 아니다. 이것은 "집합적인" 약속이다. 그러므로 우리는 그 구절을 문맥에서 분리시켜 21세기를 사는 신자 한 개인에게 부적절하게 적용하는 것을 주의해야 한다. 하나님은 다시 한 번 자기 백성을 회복시키고, 번성케 하며, 바빌로니아의 포로 생활로부터 문자 그대로 돌아오게 할 계획에 대해 말씀하고 계신다.

둘째, 이것은 지금으로부터 **70년 후에 존재하게 될** 하나님의 백성을 위한 약속이다. 예레미야의 입에서 나온 이 약속을 듣는 대부분의 사람은 그들 생전에 약속의 성취를 보지 못할 것이다. 그들은 아마도 그 약속이 성취되기 전에 포로로 살다 죽게 될 것이다.

그러므로 현재 포로로 잡혀 있는 사람들은 이 구절에서 "나는 지금 당장 최고의 것을 누릴 자격이 있어"라는 식의 단기적인 축복을 찾아내려는 마음을 떨쳐버려야 한다. 그들은 포로로 잡혀가면서부터 고통과 침통함으로 점철된 70년의 세월을 견뎌야만 했다.

이 모든 것은 번영과 희망의 예언이 미래의 백성들을 향해 주어진 것이었음을 의미한다. 즉 포로기에 태어나 그곳에서 훨씬 더 후에 나올 세대, 곧 현재 포로로 잡혀간 사람들의 자녀와 손주들을 향한 것이었다.

그렇다면 내가 예레미야 29:11-13을 가져다가 내 인생의 성경 구절로 삼아도 괜찮은 것이었을까? 나는 이 질문에 대한 답이 명확하게 "아니요"라고 생각한다. 이제 그것에 대해 설명해보자.

기억할 점은, 나는 내가 "온 마음으로" 하나님을 찾기만 한다면 이 구절이 평탄하고 풍족하고 물질적으로 축복된 삶을 살려는 내 개인적인 꿈을 이루어줄 것이라고 생각했다는 것이다. 나는 적어도 하나님이 내 가까운 미래를 아름다운 것으로 만들어줄 의무가 있다고 느꼈다.

나는 대학을 졸업한 후에 좋은 직장을 잡고, 편안하고 건강하게 사는 삶을 마음에 그렸다. 그것은 **내 방식대로 정한** 미래였다. 나는 자신의 선입견을 따라 형성된 "축복"의 개념에 끼워 맞추기 위해서 성경 본문을 조작하는 것을 아무렇지도 않게 여겼으며, 동시에 이런 것들이 실현되어야 할 시간표까지 하나님께 드렸다.

하지만 그렇게 하면서 나는 문맥을 훼손했고, 하나님께서 포로 생활을 끝내고 자유를 얻기 전까지 70년 동안 고난을 겪어야 했던 (한 개인이 아닌) 한 나라에게 말씀하고 계시다는 사실을 완전히 놓치고 있었다. 이 구절이 그 말씀을 처음 들었던 사람들의 임박한 미래를 위해 주신 약속으로 사용될 수 없다면, 나의 임박한 미래에 적용되어서도 안 된다.

그렇다면 이 예언 안에 현재 나의 삶에 적용할 수 있는 것이 있기는 한 것인가? 그렇다. "미래의 소망"의 약속이 단기적인 의미에서 축복을 보장해주지 않는 것은 맞다. 그럼에도 불구하고 그 예언은 궁극적이고 영원한 의미에서 그들과 나를 위해 여전히 실질적으로 적용될 수 있다.

이 예언의 가장 충만하고 위대한 성취는 **영적인 방식**으로 실현될 것이다. 이 약속은 하나님과 함께 영원한 삶을 경험하는 "미래의 소망", 즉 가장 충만한 회복을 갈망하는 신자에게 큰 기쁨을 주어야 한다. 그분이 우리를 "다시 모으실 때" 우리는 번영과 보호를 풍성하게 경험하게 된다는 것이다.

나의 "아메리칸드림"은 이 구절을 통해 즉각 실현될 수 없었다. 젊은 시절, 나는 영원한 의미에서의 영적 적용을 생각하지 않았다. 나는 영적 번영, 영적 보호, 혹은 하나님과 함께 천국에서 영원히 사는 영적 소망에 대해 생각하지 않았다. 일차적으로 나는 물질적인 측면에서 지금 이곳만을 생각하고 있었다.

이런 오류를 깨닫자 나는 약간의 실망과 환멸을 느꼈다. 이는 나로 하여금 포로로 잡혀갈 때 이 말을 가장 먼저 들었던 사람들의 입장에서 생각해보게 했다. 만약 인간적인 평가나 기준으로 (그들처럼) 힘겨운 삶을 살고, 죽은 후에야 영광스러운 영생으로 풍성하게 보상받는 것이 나를 향한 하나님의 뜻이라면 어떻게 할 것인가? 과연 내가 그것을 받아들일 수 있을까? 그럴 때도 나는 여전히 이전과 동일하게 하나님을 뜨겁게 사랑하고 섬기고 찾게 될까?

이 말씀을 전했던 예언자 예레미야의 삶은 우리의 기준으로 볼 때도 찬란하게 빛나는 것과는 거리가 멀었다. 그는 미움을 받고, 집에서 쫓겨나고, 감옥에 갇히고, 진흙 구덩이 속에 던져졌다. 위대한 예언자 예레미야에게도 풍성하고 영광스러운 미래의 소망은 지상에서의 일시적 삶이 아니라 천국의 소망 안에서 실현되어질 것이었다. 히브리서 11장을 읽어보면, 과거에 살았던 하나님의 백성은 동일한 미래의 소망을 가져야만 했다는 것을 볼 수 있다. 그들 중 많은 사람은 이생에서는 끔찍한 고난을 겪었지만, 아직 볼 수 없었던 미래의 더 충만한 구원에 대한 소망을 지니고 믿음으로 살았다.

그렇다면 믿음을 가진 신약의 그리스도인으로서 나는 여전히 예레미야 29장을 사용할 수 있다. 그러나 그것을 올바르게 적용해야 한다. 의문의 여지없이, 미래의 "천국의 소망"은 구원을 위해 오직 그리스도에게만 믿음과 신뢰를 두는 사람들에게 있다. 내게 있어서 이것은 오늘을 믿음으로 살아가는 사람에게도 가장 최선의 적용점이다.

그러나 이 모든 것이 미래의 천국에서의 삶만을 위한 것은 아니다. 나는 축복과 번영이 지금 여기서도 우리에게 주어질 수 있다고 주장하고자 한다. 그러나 그것들은 일차적으로 **영적인 축복**이다. 화해, 용서, 하나님과의 평화, 교회 안에서의 교제, 사랑과 같은 축복 말이다. 또한 성령의 열매, 기도의 응답, 예배의 기쁨 등과 같은 축복이기도 하다.

그러나 만약 우리가 물질적인 면에서 지금 우리의 삶이 어떠해야 한다는 선입견을 가지고 "평안이요 재앙이 아니니라. 너희에게 미래와 희망을 주는 것이니라"를 재정의하는 실수를 한다면, 우리는 자신의 인간적인 욕구와 필요에 맞추기 위해서 문맥을 무시하고, 그 구절을 문맥과 상관없게 만드는 것이 된다.

그렇다고 해서 은혜로운 하나님이 보수가 좋은 직장, 아름다운 가정, 건강한 삶으로 우리를 축복하실 수 없다는 것은 아니다. 그러나 기본적으로 우리는 이런 일들이 일어나기를 기대해서는 안 되며, 우리의 기대를 실현하기 위해 예레미야 29:11-13의 약속에 기대려고 해서도 안 된다. 우리가 잘못 이해한 약속 때문에 하나님을 볼모로 잡을 권리가 우리에게는 없다.

친구들이여! 결국 우리는 이 땅에서 사는 동안 우리 자신의 영광을 구하거나 그것을 위해 살아서는 안 된다. 대신에 우리는 지금 여기서 하나님의 영광을 위해 살아야 하며, 다가올 삶에서 그분으로부터 받게 될 영광을 기다려야 한다. 성경은 우리 자신을 이 세상에서는 이방인이요 나그네로 여겨야 한다고 말한다. 그렇다. 하나님은 자신의 약속들을 이루실 것이다. 그러나 그분의 모든 약속이 우리가 원하는 대로 이 땅에 사는 동안 이루어질 것이라는 의미는 아니다. 우리는 그 일이 실제로 일어나게 한다든지, 우리가 원하는 대로 성경이 일하게 하려고 임의대로 성경을 왜곡할 수는 없다. 우리는 믿음으로 살아야 한다. 믿음으로 사는 사람들은 하나님이 약속하셨던 것을 받을 것이다. 온 마음으로 하나님을 구할 때 우리는 분명히 그분을 찾을 것이다.

분명히 나는 (어린 시절의) 교회 수련회 이후로 많이 성장했다. 그리고 지금도 자신의 인생 구절을 선택하는 것이 얼마든지 허용된다고 믿는다. 그러나 그 구절을 잘못 사용하고 그릇되게 적용하는 끔찍한 실수를 방지하기 위해, 먼저 문맥 속에서 그 구절을 연구하겠다고 약속하자. 예레미야 29:11-13은 위대한 약속을 담고 있다. 그러나 하나님께 나의 아메리칸드림을 요구하기 위해 그 본문을 사용한다면, 어쩌면 나는 먼저 70년의 포로 생활을(만약 하나님이 그렇게 하기로 하신다면) 문자 그대로 견뎌낼 각오를 해야 할지도 모른다.

나는 우리가 장차 누릴 삶에 대한 미래의 소망을 믿는 한편, 진정한 삶인 영적인 삶을 추구하는 데 그 구절을 사용하는 것이 더 낫다고 생각한다.

4장

두세 사람이 모인 곳에는

"두세 사람이 내 이름으로 모인 곳에는 나도 그들 중에 있느니라."

_마태복음 18:20

어떤 일이 일어나는 바로 그 순간, 그 일이 평생 잊지 못할 기억으로 남게 되리라고 직감했던 적이 있는가?

많은 사람들은 1963년 케네디 대통령이 암살당했을 때, 혹은 1986년 우주선 챌린저호가 폭발했을 때, 혹은 2001년 9월 11일에 테러리스트들이 (뉴욕 쌍둥이 빌딩을) 공격했을 때 자신이 어디에 있었는지를 기억한다. 더 긍정적인 예를 든다면 첫 키스, 고등학교 졸업식, 결혼식, 첫 아이가 태어난 날과 같은 기억은 모두 빠르고 쉽게 우리 마음속에 각인되는 중요한 순간들이다.

그러나 때로는 극적이지 않거나 마음에 큰 상흔을 남기지 않는 아주 단순한 일이 평생 잊지 못할 기억으로 남기도 한다. 내게도 몇 년 전에 그런 일상적인 사건이 벌어졌다. 나는 당시 네 살이었던 아들 여호수아와 함께 심부름을 가고 있었다. 우리는 단순하면서도 심오한 대화를 나누기 시작했다.

햇살이 밝은 아름다운 날이었다. 파란 하늘에는 하얀 뭉게구름이 한가롭게 떠다니고 있었다. 나는 운전중이었는데, 네 살짜리들이 종종 그러듯이 여호수아가 뜬금없는 질문을 던졌다.

"아빠, 하나님은 어디 계세요?"

"응, 하나님은 어디든 계신단다." 내가 대답했다.

"그렇다면 왜 나는 하나님을 못 봐요?"

"글쎄, 하나님은 여기 땅 위에도 계시고 하늘에도 계신단다. 그렇지만 우리는 천국에 갈 때까지는 하나님을 볼 수가 없어. 그래도 하나님은 지금 여기서 우리와 함께 계셔. 하나님은 항상 우리 주위에 계시거든."

"하나님은 나무 위에 계실까요?"

"그래. 네가 나무 위에 올라가면, 하나님은 그곳에 계실 거야."

"하나님은 하늘에도 계셔요?"

"응, 하나님은 하늘에도 계시지."

"구름 속에도요?"

"응, 여호수아야! 하나님은 구름 속에도 계신단다." (나는 우리 애가 어린 마음에 어떤 생각을 하고 있는지 분명히 읽을 수 있었다.)

"아빠?"

"응, 여호수아야."

"나는 하나님이 구름에서 나오시는 것을 보고 싶어요."

여호수아의 마지막 말이 내 마음에 와 닿았다. "그래, 여호수아야, 아빠도 그렇단다.…언젠가 우리는 보게 될 거야"라고 말하면서 나는 눈물이 핑 도는 것을 느꼈다. 하나님을 이해하기를 갈망하는 한 어린 소년의 생각에서 시작된 간단한 대화는 그 순간을 경외의 순간으로 바꾸어놓았다.

어린 나이에 단순한 질문들로부터 시작되는 것들이 있다. 하나님은 어디 계시지? 하나님은 우리와 함께 계시나? 왜 나는 하나님을 보지 못하지? 물론 우리처럼 어른이 된 그리스도인들은 하나님은 영이시며 보이지 않는 분이라는 것을 안다. 우리는 성경이 하나님은 어디든 계시는 분이라고 가르쳐준다는 것을 안다. 달리 말하자면, 하나님은 (그분의 존재 전체가) 그분이 창조하신 모든 것 안에 (그러나 그 피조물들과 확연하게 구별되는 분으로) 존재하신다. 하나님은 시간과 공간의 제약을 받지 않으신다. 이것이 시편 139:7-10에서 다윗이 했던 말 속에 함축된 의미다.

> 내가 주의 영을 떠나 어디로 가며 주의 앞에서 어디로 피하리이까? 내가 하늘에 올라갈지라도 거기 계시며 스올에 내 자리를 펼지라도 거기 계시니이다. 내가 새벽 날개를 치며 바다 끝에 가서 거주할지라도 거기서도 주의 손이 나를 인도하시며 주의 오른손이 나를 붙드시리이다.

다윗은 하나님이 언제 어디든지 계시다고 믿었다. 그는 하나님의 임재를 피할 수 없었다.

그러나 이것이 성경이 하나님의 임재에 대해 말하는 유일한 방식은 아니다. 하나님이 자신의 임재를 드러내는 가장 극적인 방법은 아마도 예수 그리스도 안에서일 것이다. 이것은 예수님의 삶과 죽음, 그리고 죽음으로부터의 부활을 믿는 사람들을 구속하기 위해 하나님이 인류 역사 안으로 들어와 인간의 육신을 입으셨던 순간, 즉 성육신으로 알려진 기적이다.

또한 아주 다른 방식으로, 우리는 (온전히 하나님 자신인) 하나님의 영이 구원을 위해서 그리스도를 신뢰하는 사람들의 마음속에 거하기로 선택하셨다는 것을 안다. 그리스도를 믿는 사람들은 내주하는 성령님을 선물로 받으며, 실제적이고 개인적인 방식으로 하나님을 경험한다. 하나님은 우리와 함께 사실 뿐만 아니라 또한 우리 **안에** 사신다.

그러므로 하나님은 우리가 진실로 깨닫고 분별할 수 있는 방식으로 그분의 임재를 드러내신다고 말하는 것이 옳다. 그리고 우리는 성경에서 하나님의 임재에 대해 읽을 때, 하나님이 계시는 곳은 그곳이 어디든지 축복이 있다고 생각하게 된다.

이 모든 것은 기독교계에서 자주 인용되는, 그리고 많은 경우 문맥과 상관없이 잘못 사용되는 성경 구절에 대해 생각해보게 한다. 당신은 기도 모임이나 예배에서 얼마나 자주 마태복음 18:20에 기록된 예수님의 말씀을 들어보았는가?

두세 사람이 내 이름으로 모인 곳에는 나도 그들 중에 있느니라.

분명히 이것은 위대한 약속이다. 그리스도께서는 교회가 모였을 때 그분이 영적으로 그들과 함께 계심을 확신해도 된다는 말씀을 우리에게 하고 계신다. 그러나 문제는 다음과 같다. 마태복음 18장의 문맥 안에서 교회가 모인 목적은 무엇이었는가? 기도하기 위해서였는가? 예배드리기 위해서였는가? 아니면 친교를 위해서였는가? 그중 어떤 것도 해당되지 않는다는 사실을 알면 아마 당신은 놀랄 것이다.

자, 이 지점에서 공정하게 생각해보자. 기도나 예배나 친교, 심지어 전도를 위해 모일 때 그리스도인들은 "세상 끝날까지"(마 28:20) 자신들과 항상 함께 계실 것이라는 그분의 약속에서 용기와 자신감을 얻을 수 있다. 그래서 우리는 그분이 개인적인 의미에서뿐만 아니라 집합적인 의미에서도 우리와 함께 계시다는 것을 믿을 만한 이유가 아주 많다.

그러나 마태복음 18장의 이 구절은 특별한 뉘앙스를 갖고 있다. 이 구절은 기도 모임에 대해 말하고 있지 않다. 예배에 대해 말하고 있는 것도, 일반적인 그리스도인들의 교제에 대해 말하고 있는 것도 아니다. 지금 예수님은 교회의 훈육에 대해 말씀하고 계신다.

마태복음 18장에서, 예수님은 제자들에게 그들과 그분을 따르는 사람들이 서로 죄를 짓고 갈등 중에 있는 상황을 어떻게 다루어야 하는가를 가르쳐주고 계신다. 이에 대한 예수님의 가르침은 (길을 잃고 헤매는 사람의 회복을 강조하는) 잃어버린 양의 비유 바로 뒤이자, (기꺼이 빚을 탕감하고 용서하는 것에 대한) 용서할 줄 모르는 종의 비유 바로 앞에 온다.

그러므로 이 문맥 안에 있는 주제들은, 당신에게 죄를 지었거나 혹은 그릇된 길로 가버린 형제자매에 대한 용서와 회복과 화해다. 예수님은 죄 때문에 금이 가고 산산조각 난 관계를 회복하고 화해를 이루기 위해 취해야 할 실제적인 단계들을 열거하신다. 첫 번째 단계는 사적인 것이다.

> 네 형제가 (네게) 죄를 범하거든 가서 너와 그 사람과만 상대하여 권고하라. 만일 들으면 네가 네 형제를 얻을 것이요(마 18:15).

예수님은 본질적으로 사람과 사람 사이의 죄와 갈등을 무시하거나 내버려 두어서는 안 된다고 가르치고 계시다. 왜냐하면 그리스도인이라면 건강하고 온전하고 화목한 관계를 유지하는 데 마음을 쏟아야 하기 때문이다. 그리스도께서 십자가에서 돌아가신 궁극적인 이유가 바로 이것이 아니었던가! 우리가 먼저 하나님과 화해하고, 그 다음 서로서로 화해하도록 하기 위해서가 아니었던가! 그러므로 우리는 죄로부터 우리의 관계를 보호하고 지키되, 특히 신자들 간의 관계를 보호하고 지켜야만 한다.

어떤 성경 번역본은 "네게"라는 단어를 누락시킴으로써 단순히 "네 형제가 죄를 범하거든 가서 너와 그 사람과만 상대하여 권면하라"(역주-한글 성경에도 "네게"가 없다)라고 기록하고 있다. 이것은 고대 사본 일부가 본문에 "네게"를 기록하지 않았기 때문이다. 그러나 (본문에) 어떻게 기록되어 있든지, "네게" 죄를 지었든 아니든 간에, 그리스도인이라면 교회 안에서 죄의 문제를 해결하는 것이 여전히 필요하다. 바울도 갈라디아서 6:1에서 다음과 같이 말한다.

> 형제들아 사람이 만일 무슨 범죄한 일이 드러나거든 신령한 너희는 온유한 심령으로 그러한 자를 바로잡고.

그러므로 예수님은 그리스도인들 간의 용서와 화해를 목적으로 하는, 개인적이고 사적인 대화를 첫 번째 단계로 처방하고 계신다. 이런 필수적인 문제의 직면과 대화는 겸손과 사랑의 마음으로 행해야 한다. 문제를 비공개적으로 가능한 한 소수의 사람들만 알도록 하는 것이 이상적이다. 그렇게 함으로써 오해가 있었다면 풀 수 있을 것이며, 죄가 다른 사람들에게 퍼져 나가지 않도록 하면서 화해를 이룰 수 있을 것이다.

더욱이 이 단계에서 오해를 풀고 용서를 하고 문제가 해결되고 나면, 그것이 사람들 사이에서 건전하지 못한 방식으로 입방아에 오르내리지 않을 것이다. 이상적으로 사람들 사이의 죄와 갈등은 전부 이런 방법으로 해결되어야 하며, 그렇게 할 때 문제는 일차 단계에서 종결될 수 있다.

그러나 매번 그럴 수는 없을 것이다. 예수님도 이 단계에서 문제가 해결될 수 없다면 다른 사람들을 개입시키는 것이 필요하다고 하셨다. 그분은 마태복음 18:16에서 이렇게 말씀하신다.

> 만일 듣지 않거든 한두 사람을 데리고 가서 두세 증인의 입으로 말마다 확증하게 하라.

이 말씀에는 여러 가지 목적이 있다. 첫째, 이것은 화해가 정말로 필요하다는 심각성을 진지하게 더해준다. 둘째, (두 번째 단계가 실패해서) 이 문제가 반드시 다음 단계의 절차를 밟아야 한다면, 증인들은 문제가 적절하게 다루어지고 있는지를 확인해줄 수 있다. 셋째, 이 두세 명의 증인들은 객관적인 위치에 있는 제3자로서 용서와 화해의 과정에 도움을 주는 역할을 할 수 있다.

예수님은 회개하지 않는 죄가 그리스도인들 사이에서 심각한 문제라는 것을 분명히 가르치고 있다. 후일 사도 바울도 고린도 교회에게 "적은 누룩이 온 덩어리에 퍼지지 않도록"(고전 5:6) 죄의 문제를 신속하게 다루라고 경고했다. 달리 말해, 죄를 제어하지 않거나 무시하고 넘어가면 교회가 증거하는 것에 엄청난 해를 미치며 그리스도인 공동체 안의 관계를 파괴할 수 있다는 것이다. 사실상 그렇게 되면 다른 사람이 죄를 짓도록 영향을 줄 수도 있다.

앞서 진술한 것과 유사하게, 만약 사건이 이 두 번째 단계에서 해결될 수 있다면, (그 일의) 당사자들은 기뻐하는 가운데 그것을 그들만이 알고 있기로 동의해야 하고, 그 문제를 다시 끄집어내지 않겠다고 약속해야 할 것이다. 그러나 용서나 화해나 회복이 일어나지 않고, 문제가 더 큰 경우라면, 좀 더 심각한 세 번째 단계로 나아가야 한다.

> 만일 그들의 말도 듣지 않거든 교회에 말하고, 교회의 말도 듣지 않거든 이방인과 세리와 같이 여기라(마 18:17).

이제부터는 책임을 져야 할 사람들의 범위가 매우 넓어진다. 처음에는 사적이었던 문제가 이제는 공적인 문제가 되었다. 그리고 여기서 교회의 영적 성숙도가 시험대에 오른다. 논리적으로는, 교회 지도자들이 가장 먼저 상황을 파악하고 그 차원에서 화해를 이루려는 시도를 해야 할 것으로 보인다. 아마도 지도자 중 일부는 두 번째 단계에 이미 개입되었을 것이다. 그러나 여전히 화해가 이루어지지 않는다면, 예수님의 명령은 본질적으로 문제를 교회의 구성원들 앞으로 가지고 오라는 것이다.

그 이유는 무엇일까? 죄를 인정하고 죄에서 돌아서기를 거부하는 사람들에게 회개치 않는 죄는 심각한 문제이기 때문이다. 더욱이 곁길로 간 사람에게 다가가기 위해 가능한 모든 노력을 기울일 수 있는 것은 이 단계에서다. 회개하지 않는 자와 관련된 사람들이 "그들을 되찾기" 위해서 손을 내밀 수 있는 것도 이 단계에서다. 또한 용서받고 서로 용서하는 공동체가 된다는 것이 무엇을 의미하는지를 교회가 진실로 포용하는 것도 이 단계에서다.

그러나 오늘날 많은 교회들이 이 단계를 실천에 옮기기를 꺼려하는 것이 분명하다. 주된 이유는 그들이 이 단계를 시행하는 동기를 오해하거나, 혹은 이 단계를 부적절한 심판이나 징벌로 혼동하기 때문이다. 그러나 이는 전혀 진실이 아니다. 우리가 앞 장에서 진술했던 것처럼, 교회는 교회 안에서 회개하지 않고 있는 죄의 사례에 대해 도덕적 판단을 할 의무를 갖고 있다(고전 5:12). 더욱이 그리스도는 이미 십자가 위에서 우리 죄에 대한 모든 형벌을 다 받았기 때문에 이것을 징벌로 보아서는 안 된다.

그러므로 우리는 이것을 곁길로 빠져버린 형제자매에게 손을 내밀어 그들을 회복시키려는 필사적인 노력이자 은혜의 행동으로 보아야 한다. 이 구절이 예수님의 잃어버린 양의 비유 뒤에 온다는 사실을 기억하라. 여기서 예수님이 길을 잃고 헤매는 양을 사랑해서 찾아 나서는 일, 바로 그것이 교회가 반드시 헌신해야 하는 일이라고 말씀하신다는 것을 기억해야 한다. 여기서 목표는 화해이지, 징벌이 아니다. 자비는 하나님의 백성에게 오는 것일 뿐만 아니라, 하나님의 사랑의 도구인 그의 백성을 **통해** 흘러가는 것이기도 하다.

이 단계가 성공적으로 끝나면, 그래서 회개하지 않던 자가 회개하고 하나님과 교회 앞에서 온전히 회복된다면, 교회가 얼마나 기쁨으로 충만할 것인가를 상상해보라. 아버지에게 돌아온 탕자의 경우처럼 교회는 기뻐하고 축하하고 감사할 것이다(눅 15:11-22). 이런 일이 일어난다면 교회 공동체 안에 모종의 변화가 일어나지 않을까? 나는 예수님이 이것을 알고 계셨기에 그것을 명령으로 처방하셨다고 생각한다.

그러나 이상이 항상 현실이 되는 것은 아니다. 예수님도 이 점을 알고 계셨다. 그래서 예수님은 회개하지 않는 자가 사랑의 다음으로 화해를 이루고자 하는 교회의 시도에 정당하게 반응하거나 듣기를 거부한다면, 교회는 이 사람이 전혀 자기 마음을 바꿀 의향이 없으며 돌이켜 용서받기를 거부함으로써 교회로부터 스스로를 제외시켰다는 사실을 인정하는 수밖에 없다고 제자들에게 말씀하셨다. 이것은 예수님 시대에 그들을 이교도나 세리로 보는 것과 마찬가지였다(세리들은 당시 로마 체제 안에서 쉽게 부패했다). 분명히 이들은 인정된 믿음의 공동체 밖에 있던 사람들이었을 것이다.

교회는 그들을 공식적으로 교회의 친교에 참여하지 못하도록 하는 것밖에는 선택의 여지가 없었을 것이다. 이것은 교회 안에 남아 있는 모든 사람이 완벽하다는 의미가 아니다. 우리 모두는 죄인이다. 그러나 그것이 관건은 아니다. 여기서 관건은 자신의 죄에 대해 마음이 무디어지고, 죄를 인정하기를 거부하거나 그것으로부터 돌아서기를 거부하는 사람들이다. 그런 일이 일어날 때, 교회가 인정된 믿음의 공동체로부터 그들을 내보내야 하는 것은 다름 아닌 그리스도가 명하신 의무다. 이것은 슬프고 창피하지만 필요한 단계이다.

그리스도인으로서 우리의 목표는 결코 다른 사람을 포기하는 것이 되어서는 안 된다. 교회가 누군가를 교회의 친교로부터 추방해야 하는 일이 생긴다 해도, 그리스도인은 여전히 그 사람에게 손을 내밀어 그를 다시 주님께로 데려오려고 시도해야 할 것이다.

우리가 종종 오해하는 구절은 여기서 그 적절한 문맥을 만난다. 예수님은 그런 행동을 취할 수 있는 권위와 하늘의 재가가 교회에게 있음을 확립한 후에, 독특한 방식으로 자신의 임재를 약속하신다. 그 구절 전체를 보면 다음과 같다.

> 진실로 다시 너희에게 이르노니 너희 중의 두 사람이 땅에서 합심하여 무엇이든지 구하면 하늘에 계신 내 아버지께서 그들을 위하여 이루게 하시리라. 두세 사람이 내 이름으로 모인 곳에는 나도 그들 중에 있느니라(마 18:19-20).

예수님은 교회가 회개하기를 거부하는 사람과 화해를 이루려고 할 때마다 하나님의 축복이 분명히 그들과 함께한다고 말씀하신다. 달리 말해, 교회는 하나님의 진리의 말씀에 기초해서 옳고 그름의 문제를 법적으로 판결할 때, 그들이 옳은 일을 하고 있으며 그리스도께서 바로 거기에 그들과 함께, 그들 가운데 영으로 임재하신다는 확신을 가져야 한다.

결국 그분은 화해의 하나님이다. 교회에게 화해의 도구가 되라고 명령했던 분은 바로 하나님 자신이다. 교회는 하나님을 위해 일하고 있으므로, 어려운 일을 앞에 두고 연합과 하나님의 축복을 찾을 때 그분의 재가를 받는다. 그렇다면 이것이 "두세 사람이 내 이름으로 모인 곳"이라는 표현이 담고 있는 진정한 의미이자 문맥이다. 그것은 오로지 화해를 이루는 판결 문제에서의 하나님의 임재에 대한 것이다.

하지만 마태복음 18:20이 잘못 사용되는 것을 듣는다고 해서, 나는 즉각 달려가 그 사람을 교정해주지는 않는다. 대개 그들은 좋은 의도로 그 말을 사용한다. 왜냐하면 두세 사람의 신자가 함께 있을 때, 심지어 천 명이나 이천 명의 신자들이 함께 모일 때, 무소부재하시는 우리 하나님이 그곳에 그들과 함께 계신다는 것은 맞는 말이기 때문이다.

그러나 하나님의 얼굴을 은밀히 구하고 있는 사람에게도 그것은 마찬가지다. 실제로 예수님은 산상 설교에서 우리에게 "기도의 골방" 안에서 규칙적으로 기도해야 한다고 가르치셨다. 우리가 은밀히 행하는 것까지 낱낱이 보시는 하늘 아버지께서 우리에게 상을 주실 것이기 때문이다(마 6:6). 하나님은 확실히 우리와 함께 계신다.

요점은 이것이다. 마태복음 18:15-20은 정말로 적용하기 힘든 구절이다. 죄의 문제를 다루는 것은 몹시 어려울 수 있다. 그러나 죄의 문제를 다룰 때, 하나님께 신실하고자 하는 사람들은 그들의 노력을 축복하시는 하나님의 특별한 임재를 의지할 수 있다.

우리 모두는 주님의 임재 안에서 신자로 모여 그분께 예배드리고, 그분께 기도하고, 그분과 교제를 나누고, 그분의 은혜를 경험하는 데 열심을 내야 한다. 이런 목적을 위해 성실해지자. 정말로 우리는 그의 백성이며, 마태복음 18장이 가르치는 대로, 그의 용서와 화해의 매개체다.

5장

내 이름으로 무엇을 구하든지

"너희가 내 이름으로 무엇을 구하든지 내가 행하리니 이는 아버지로 하여금 아들로 말미암아 영광을 받으시게 하려 함이라. 내 이름으로 무엇이든지 내게 구하면 내가 행하리라."
_요한복음 14:13-14

그때는 거룩한 순간이었으며, 나는 실수하고 싶지 않았다. 나는 언젠가는 그날이 올 것을 알고 있었다. 그리고 마침내 세 자녀 중 막내인 내가 저녁 식사 기도를 할 차례가 왔다.

기독교 가정에서 자라난 많은 아이들처럼, 나는 부모님과 형과 누나가 기도하는 것을 지켜보고 들으면서 기도하는 법을 처음 배웠다. 우리 가족이 저녁 식사 자리에 모여 앉을 때면 식사 기도는 당연히 가장인 아버지의 몫이었다. 나는 아버지가 집에서는 쉬운 말로 기도하면서도, 교회에서는 수많은 고어가 들어 있는 "킹제임스 성경"의 언어로 기도하는 것이 재미있다고 늘 생각했다. 아마도 그것은 공적인 자리에서 기도한다는 압박감 때문이었을 것이다. 어쨌든 아버지의 기도는 내게 깊은 인상을 남겼으며, 나는 아버지가 진지하다는 것을 알고 있었다.

아버지가 처음으로 내게 저녁 식탁에서 기도할 기회를 주신 날, 당시 나는 다섯 살 정도였다. 나는 망설임 없이 곧바로 기도를 시작했고, 내가 할 수 있는 한 가장 멋지게 기도했다. 그런데 내 기도가 끝났을 때 들려온 것은 웃음소리뿐이었다. 식구들이 왜 그처럼 웃었는지는 곧 밝혀졌다. 기도할 땐 미처 깨닫지 못했는데, 나는 아버지가 기도를 마무리할 때면 늘 사용하던 것과 동일한 표현으로 기도를 끝맺었던 것이다. 나는 그날 하루와 음식을 주신 것에 대해 하나님께 감사한 후에, "그리고 저의 사랑하는 아내와 딸과 아들들을 축복해주시기를 바라오며, 예수님의 이름으로 기도합니다. 아멘"이라는 말로 자신만만하게 기도를 마쳤던 것이다. 모두가 웃기 시작했을 때 나는 화를 내야 할지 아니면 같이 웃어야 할지 몰랐다. 내가 무슨 말을 했는지 깨달았을 때, 내 얼굴은 홍당무처럼 빨개졌다. 나는 그 순간을 모두가 결코 잊지 못할 순간으로 만들었던 것이다.

당신은 기도하는 법을 어디서 배웠는가? 기억이 나는가? 조부모님, 부모님, 아니면 친구에게서 배웠는가? 어쩌면 전혀 배우지 않았는지도 모른다. 만약 그렇다면 당신만 그런 것이 아니다. 사람들은 누구나 어디에선가 시작해야 하며, 이것은 예수님의 제자들도 마찬가지였다. 누가는 이렇게 기록하고 있다.

예수께서 한 곳에서 기도하시고 마치시매 제자 중 하나가 여짜오되 주여

> 요한이 자기 제자들에게 기도를 가르친 것과 같이 우리에게도 가르쳐 주옵소서(눅 11:1).

누가는 어떤 제자가 기도를 가르쳐달라고 부탁했는지는 말해주지 않는다. 그러나 아무래도 좋다. 제자들은 모두 기도를 배울 필요가 있었으며, 세례 요한을 추종하던 자들도 요한에게 배우려고 열심을 냈던 것이 분명하다.

그러나 예수님은 제자들에게 공생애 기간 내내 기도를 가르치시면서, 그리스도인들이 종종 오해해왔던 어떤 것을 가르쳐주셨다. 예수님은 제자들에게 그들이 무엇을 구할 때 "**내 이름으로**" 아버지께 구해야 한다고 말씀하셨다.

이게 대체 무슨 뜻인가? 예수님의 이름으로 구하는 것이 기도에 일종의 힘을 보태주기라도 한단 말인가? 그래서 하나님이 기도를 듣고 응답해주실 확률이 더 높아진다는 뜻인가? 우리 모두가 어떤 것을 구하든 상관없이 "그의 이름으로" 기도하기만 하면, 그것은 무엇이든 받으리라고 보장해주는 마법 공식이라도 되는가? 바로 이런 것들이 사람들이 흔히 갖고 있는 잘못된 생각이다.

나는 청년 시절에 이 표현이 **모든** 기도의 끝에 붙지 않으면 그 기도는 부적절한 것이 되거나, 하나님이 그 기도를 들을 수 없다고 잘못 생각했던 것이 기억난다. 그것은 좋게 말해 순진한 생각이었다.

그렇다면 예수님이 우리에게 그의 이름으로 기도하라고 말씀하셨을 때 의미한 것은 무엇일까? 첫째, 성경을 죽 훑어보면 우리는 이 구절이 여러 다양한 문맥에서 사용된다는 것을 발견하게 된다.

예를 들어 예수님은 "내 이름으로" (어린아이와 같은) 제자들을 영접하는 것에 대해 말씀하셨다(마 18:5). 재판을 위해서도 "내 이름으로" 함께 모이는 것을 말씀하셨다(마 18:20). 또한 "내 이름으로" 행해진 기적, "내 이름으로" 주어진 물 한 그릇, "내 이름으로" 보내진 성령을 말씀하셨다(막 9:39, 41; 요 14:26). 예수님은 자신의 이름의 능력에 대해 말씀하시면서 기도보다 훨씬 더 많은 것을 염두에 두고 계셨다.

앞서 언급한 일들을 "그의 이름으로" 한다는 것은, 그것을 그리스도의 존재, 그분의 가르침, 그분이 상징하는 모든 것(하나님 나라의 목적 등)과 부합하는 방식으로 한다는 것을 의미한다. 이것은 하나님의 뜻에 따라, 궁극적으로 그분의 영광을 위해 하는 것이다. 예수님이 "내 이름으로" 무엇이든지 구하라고 말씀하신 본문에 접근할 때마다, 이것을 기억하는 것은 매우 중요하다.

예수님이 이 말씀을 하신 곳으로 가서, 그 문맥 안에서 말씀을 인용하고, 다른 성경 구절의 도움을 받아 해석하는 것이 가장 좋다. 그리스도의 이 말씀은 요한복음 14:13-14에서 발견된다. 그러나 우선 12절부터 살펴보기로 하자.

> 내가 진실로 진실로 너희에게 이르노니 나를 믿는 자는 내가 하는 일을 그도 할 것이요 또한 그보다 큰일도 하리니 이는 내가 아버지께로 감이

라. 너희가 내 이름으로 무엇을 구하든지 내가 행하리니 이는 아버지로 하여금 아들로 말미암아 영광을 받으시게 하려 함이라. 내 이름으로 무엇이든지 내게 구하면 내가 행하리라(요 14:12-14).

이는 예수님이 마지막 만찬을 나누시는 중에 제자들에게 하신 말씀이다. 그날 밤은 대화와 가르침, 기도 등이 어우러진 아주 길고 극적인 시간이었다. 예수님이 이 놀라운 진술을 하신 것은 바로 이 지점에서다. 예수님은 그를 믿는 사람은 누구나 자신이 하는 일을 할 것이며, 심지어 "더 큰일"도 할 것이라고 말씀하신다.

표면적으로만 보면 이것은 이해하기가 어려울 수 있다. 그러나 확실한 점은 예수님이 자신의 제자들이 그분보다 더 큰 초자연적 능력을 갖게 되리라고 말씀하는 것이 아니라는 사실이다.[1] 예수님은 하나님이시다. 따라서 이 구절을 그런 식으로 해석하는 것은 말이 되지 않는다. "더 큰일"을 해석하는 열쇠는 그것을 마지막 구절인 "이는 내가 아버지께로 감이라"와 연결시켜서 보는 것이다.

예수님은 제자들에게 자신이 하늘 아버지께로 돌아가면(이 일은 예수님이 죽으시고 부활하신 후에 일어난다) 그들과 미래 그들의 사역에 아주 중요한 영향을 끼치게 될 성령을 선물로 받을 것이라고 말씀하시려는 참이었다. 성령이 그들의 사역에 초자연적인 능력을 주실 뿐만 아니라 예수님이 아버지께로 돌아가셨기 때문에, 그들은 그대쯤이면 이미 (십자가에서) 죽으시고 부활하셨을 예수 그리스도께서 완성하신 일을 되돌아볼 수 있는 분명한 이점을 갖게 될 것이다.

그리스도에 대한 이런 묘사와 그분의 강림 목적은 그리스도의 지상 사역 동안에도 초창기 신자들에게 어느 정도 알려졌지만, 그때가 되면 더 충만히 드러날 것이다.[2] 성령의 능력과 함께 이것이 분명해짐으로써, 예수님이 이 땅에서 사역하실 때보다 훨씬 더 많은 개종자들이 생겨날 것이며, 이런 의미에서 복음의 좋은 소식은 더 널리 퍼져나가게 될 것이다.

"더 큰일"이 의미하는 것이 바로 여기에 있다. 예수님이 행하셨던 "물리적인" 기적의 수는, 성령으로 충만한 교회 시대에 유대인이나 이방인이 다 그리스도께로 돌아올 때 일어날 "영적" 기적의 수와 비교하면 무색해질 것이다.

그리고 예수님은 이 새 시대의 사역을 자신이 도울 것이라고 약속하셨다.

> 너희가 내 이름으로 무엇을 구하든지 내가 행하리니 이는 아버지로 하여금 아들로 말미암아 영광을 받으시게 하려 함이라. 내 이름으로 무엇이든지 내게 구하면 내가 행하리라(요 14:13-14).

달리 말해, 그들의 권능 있는 사역은 기도의 응답을 통해 도움을 받게 되어 있다. 그리고 그들의 기도가 응답받는 열쇠는 "그의 이름으로" 구하는 데 있다. 다시 한 번 말하자면, 그렇게 구하는 것은 그리스도의 존재와 그분의 가르침과 그분이 상징하는 것(하나님 나라의 목적 등)에 부합하는 방식으로 기도하는 것이다.

본질적으로 그것은 "아버지로 하여금 아들로 말미암아 영광을 받으시게 하려는" 하나님의 뜻을 따라 기도하는 것이다. 즉 궁극적으로 하나님의 영광을 위해 기도하는 것이다. 그렇다면 제자들은 이런 동기를 가지고 "예수의 이름으로" 기도할 때 그들의 기도가 응답받을 것이며, 예수님이 하늘로부터 그들의 사역을 직접 도울 것이라고("내가 행하리니") 확신할 수 있다.

사람들이 이런 동기와 관점을 가지고 그와 같이 기도하는 법을 배울 때, 하나님이 그들의 기도에 어떻게 응답하시는지를 보면 정말 놀랍다. 기도는 이기적인 초점에서 시작하여 더욱 하나님 중심으로, 곧 하나님께 영광을 돌리는 것에 초점을 맞추는 기도로 변한다. 그리고 그 결과는 극적이다. 바로 이것이 요한일서 5:14-15이 확실하게 약속하고 있는 점이다.

> 그를 향하여 우리가 가진 바 담대함이 이것이니 **그의 뜻대로** 무엇을 구하면 들으심이라. 우리가 무엇이든지 구하는 바를 들으시는 줄을 안즉 **우리가 그에게 구한 그것을 얻은 줄을 또한 아느니라.**

우리는 대개 우리가 최선이라고 생각하는 것과 부합하는 방식으로, 혹은 우리가 바라는 결과를 따라서 기도하는 경향이 있다. 예를 들어 고통 속에 있거나 좋지 않은 진단 결과를 받으면, 우리는 대개 하나님이 즉시 고통을 없애주시거나 우리를 아프게 하는 것이 무엇이든지 완전하게 치유해주시길 기도할 것이다. 우리의 상황이 변하기를 기도하는 것이다.

물론 이런 것을 위해 기도하는 것이 잘못은 아니다. 그러나 다음과 같이 기도하는 것이 더 나을 것이다.

> 주님, 주님께서 제 삶에 주신 모든 것에 목적이 있는 줄 압니다. 가장 최선의 것으로 주님이 영광 받으시기를 기도합니다. 이 일을 통해 제가 배우기를 원하시는 것이 무엇인지를 가르쳐주셔서 제 믿음이 자라나길 간구합니다. 주님이 원하시는 목적이 무엇인지를 볼 수 있도록 도와주시옵소서. 그래서 제가 주님의 계획을 기뻐하고 주님의 은혜를 의지할 수 있도록 도와주시옵소서. 그러나 주님, 만약 제가 바라는 대로 이 고통에서 벗어나고 이 아픔으로부터 치유되는 것이 주님이 보시기에 기쁜 일이라면, 또한 그렇게 해주시기를 간구합니다. 그러나 어떻게 하시든지 저는 주님을 신뢰합니다. 그리고 주의 뜻이 이루어지기를 기도합니다. 예수님의 이름으로 기도드립니다. 아멘.

나는 이것이 건강하게 기도하는 방식이라고 믿는다. 이 기도가 완벽하지 않을 수도 있다(나는 기도하는 법을 배워가고 있다). 그러나 이 기도는 하나님에 대한 신뢰와 가르침을 받고자 하는 마음, 그리고 그분을 의지한다는 것을 보여준다. 또한 이것은 하나님의 주권적인 계획이 무엇이든지 그것을 겸손하게 받아들이고자 하는 기도다. 동시에 여기에는 당신이 소원하는 것을 구하는 데 망설임이 없다. 만약 하나님의 응답이 "아니다"이거나 "아직은 아니다"라고 할지라도, 하나님은 그것에 대처할 수 있는 충분한 은혜를 허락하실 것을 알기 때문이다.

우리 기도의 목표는 어떤 경우든지 하나님이 영광 받으시는 것이다. 우리의 목표는 하나님의 방식으로 사물을 봄으로써 우리의 뜻이 그분의 뜻과 일치하는 것이다. 이런 일이 일어날 때, 우리 기도는 능력으로 충만해진다. 우리 기도는 응답받을 것이며, 우리는 "우리가 그에게 구한 그것을 얻은 줄을 또한 아느니라"(요일 5:15)라고 담대하게 말할 수 있다.

그러므로 "그의 이름으로" 기도하는 것은 우리가 구하는 것은 무엇이든지 다 하나님이 응답해주실 것을 확실히 하기 위해 주문처럼 외우는 기계적인 말이 아니다. 우리의 기도가 하늘에 상달되게 함으로써 하나님으로부터 더 큰 은총을 받게 되는 것과도 아무런 관련이 없다. 또한 이 말은 우리가 우리의 개인적인 안건을 제시하고, 하나님의 계획이 아닌 어떤 것에 하나님의 손길이 닿도록 강요하기 위해서 언제든지 내밀 수 있는 와일드카드가 아니다.

나는 "사랑하는 아내와 딸과 아들들을" 위해 빼놓지 않고 기도하셨던 아버지를 생각할 때 미소를 머금게 된다. 나는 딸을 자녀로 두는 축복을 얻지는 못했다. 그러나 하나님은 나에게 아름다운 아내와 두

아들을 선물로 주셨다. 그리고 나의 기도는 내가 그들을 위해서 기도할 때 예수의 이름으로 기도하는 것이 진실로 무엇을 의미하는지를 배우는 것이다.

6장
모든 것이 합력하여 선을 이루느니라

"우리가 알거니와 하나님을 사랑하는 자 곧 그의 뜻대로 부르심을 입은 자들에게는 모든 것이 합력하여 선을 이루느니라." _로마서 8:28

나는 하나님이 선하시다는 사실을 단 한 번도 의심해본 적이 없다. 어린 시절, C. S. 루이스의 『나니아 연대기』를 읽었을 때도 나는 (그리스도를 상징하는) 사자 아슬란이 안전하지는 않지만 **선하다**는 것을 알았다.

이것은 아무래도 어릴수록 받아들이기가 훨씬 더 쉬운 것 같다. 그러나 우리는 나이가 들어가면서 인생의 어려움과 상처가 현실로 다가옴에 따라, "하나님은 언제나 선하시고, 항상 선하신 하나님이다"는 옛말에 나타나는 성경적 관점을 보기가 더 어려워진다는 것을 알게 된다.

하나님이 선하다고 말하는 것은 그분이 도덕적으로 훌륭하며 자비하다고 말하는 것이다. 하나님의 마음은 진실하며, 하나님의 사랑은 순수하고, 하나님의 자비는 풍성하게 부어주시는 선하심과 인자하심에서 나타난다. 그것은 다윗이 시편 23편 말미에서 고백했던 것과 같다.

> 내 평생에 선하심과 인자하심이 반드시 나를 따르리니 내가 여호와의 집에 영원히 살리로다(시 23:6).

그러나 어려운 시기가 닥쳐오면 하나님이 온통 선함으로 가득한 분이라는 생각은 곧잘 시험대에 오른다. 그럴 때면 하나님의 "선한" 성품에 대해 의문을 품을 정도로까지 잘못 해석되고 이해되는 구절이 떠오른다. 바로 사도 바울이 기록한 로마서 8:28이다. 이 구절은 아마도 성경 전체를 통틀어 사람들에게 가장 친숙한 동시에 가장 귀하게 여겨지는 말씀일 것이다.

> 우리가 알거니와 하나님을 사랑하는 자 곧 그의 뜻대로 부르심을 입은 자들에게는 모든 것이 합력하여 선을 이루느니라(롬 8:28).

이 구절 안에 "모든 것이 합력하여 선을 이루느니라"라는 말씀이 있다. 그런데 이 약속의 진정한 의미는 무엇일까? 우리의 삶에서 일어나는 일은 무엇이든지 다 잘될 것이라는 뜻인가?

의사가 전화로 암이 재발했다고 말할 때, 모든 것이 합력하여 선을 이루는 것이 맞는 것인가? 아들의 고등학교 졸업파티가 열리는 날 밤 경찰이 집에 찾아온다면, 모든 것이 합력하여 선을 이루는 것이 맞는 것인가? 하루아침에 직장을 잃거나 30년간 이어진 결혼 생활이 산산이 조각나기 시작할 때 혹은 은퇴하기 바로 직전에 당신이 갖고 있는 주식이 폭락한다 해도, 모든 것이 합력하여 선을 이루는 것이 맞는 것인가?

의사가 "정말 유감스럽지만 더 이상 우리가 할 수 있는 것이 아무것도 없습니다. 그저 편안하게 해드리세요"라고 말할 때, 과연 어디에서 선을 발견하란 말인가? 많은 사람이 보기에 로마서 8:28은 지켜지지 않는 약속처럼 보일 뿐이다. 아니 더 심하게 말하자면, 새빨간 거짓말처럼 보인다.

그러나 그런 그릇된 결론을 내리는 것은 사도 바울이 실제로 말하는 것을 잘못 해석한 데서 비롯된다. 언제나처럼 이 구절을 문맥 안에서 잘 살펴봄으로 바르게 이해하고 적용하는 것이 중요하다.

첫째, 사도 바울은 여기서 구원을 얻고자 그리스도를 믿고 내주하는 성령을 선물로 받은 **신자들**에게 말하고 있다는 사실을 알아야 한다. 이는 이 구절을 자세히 분해해보면 자명해진다.

지금 논의 중인 주제를 놓고 본다면, 이 부분에서 사도 바울은 그리스도를 믿는 사람은 하나님으로부터 유업을 받고 또 영광을 얻을 것이라는 사상을 방금 제기했다. 이는 제대로 된 시각으로 우리의 고난을 바라보게 한다. 사실 바울은 우리가 삶 속에서 겪는 고난이 믿음의 사람인 우리에게 다가올 미래의 영광에 비하면 아무것도 아니라는 말을 하고 있다.

그리고 우리는 그리스도의 재림과 더불어 몸과 영혼이 타락한 육신으로부터 구원받아 궁극적으로 영화롭게 되는 때가 도래하기를 갈망한다.[1] 성경은 우리가 피조물과 함께 마음속으로 "탄식하고" 있다고 말한다.

그러나 그날이 올 때까지 우리는 매일의 연약함 가운데서 성령을 의지해야 한다. 어떻게 기도해야 할지를 모르는 상황에 맞닥뜨릴 때, 우리를 도우시고 우리를 위해 중보하시는 성령을 의지해야 한다. 우리는 매일의 삶 속에서 겪는 어려움을 어떻게 해석해야 할지 알지 못하며, 인간적인 약점과 한계 때문에 어떻게 기도해야 하는지도 알지 못한다. 그럼에도 불구하고 우리가 알고 있는 것도 있다.

> 우리가 알거니와 하나님을 사랑하는 자 곧 그의 뜻대로 부르심을 입은 자들에게는 모든 것이 합력하여 선을 이루느니라(롬 8:28).

여기 대조가 보이는가? 우리가 모르는 것도 많지만, 우리가 알고 있는 커다란 한 가지는 **모든 것이 합력하여 선을 이룬다는 것**이다. 그래서 첫 번째 질문은 누구를 위해서인가라는 점이다. 모든 것이 합력하여 선을 이룬다는 것은 모든 사람에게 적용되는 것인가? 그렇지 않다. 이것은 아주 구체적이다. 바울은 이것이 그리스도인들만을 위한 약속이라고 말한다. 곧 하나님을 사랑하는 자들에게만 주는 약속이다. 이를 하나님의 관점에서 말한다면, 하나님의 목적에 따라 (구원으로) 부름을 받은 사람들에게 주어지는 것이다.

이로 보건대 모든 사람이 이 약속을 받았다고 주장할 수 없다는 것을 금새 알 수 있을 것이다. 모든 사람이 그리스도를 믿는 것은 아니기 때문이다. 그러므로 그리스도인들은 이 구절을 신자가 아닌 친구나 사랑하는 이에게 약속으로 사용하는 것을 조심해야 한다. 제발 이 사실을 알기를 바란다.

두 번째 질문은 모든 것이 합력하여 선을 이룬다는 말이 무엇을 의미하는 것인가라는 점이다. 바울은 "선"을 오늘날 우리가 정의하고 싶은 방식으로 정의하고 있는가? "선"은 일반적인 성공을 말하는 것인가? 아니면 건강, 경제적인 안정, 개인적인 행복을 의미하는가? 만약 그렇다면 나는 바울에게 알려줄 소식이 있다. 즉 하나님은 항상 그런 방식으로 그리스도인을 위해 모든 것이 합력하여 선을 이루도록 하시지는 않는 것 같다는 점이다. 당신이 잘 아는 대로, 인생은 비극으로 가득 차 있다. 이것은 그리스도인에게도 마찬가지다. 그리스도인들 역시 사랑하는 사람들이 죽고, 암에 걸리며, 직장을 잃거나 자녀들이 다친다(그렇지 않다면 모든 사람이 다 그리스도인이 되고 싶어할 것이다).

그렇다면 바울이 말하는 궁극적인 선은 무엇인가? 그 대답은 다음 구절에 놓여 있다.

> 하나님이 미리 아신 자들을 또한 그 아들의 형상을 본받게 하기 위하여 미리 정하셨으니(롬 8:29).

답은 바로 이것이다. 하나님이 모든 것을 함께 엮어서 이루어가시는 궁극적인 선은 우리로 하여금 **그리스도를 더 많이 닮게 하는** 것, 혹은 바울이 말한 것처럼 "그 아들의 형상을 본받게 하는" 것이다. 이것은 우리가 그리스도인으로서 선에 대해 현대적인 용어로 정의되는 피상적이고 육신적인 정의를 버리는 대신 신학적인 정의를 받아들여야 한다는 것을 의미한다.[2] 달리 말해, 이 경우에 우리가 말하는 선은 하나님이 정의하는 선이 되어야 한다. "그 아들의 형상을 본받게 하는 것", 즉 예수님을 더욱 닮아가는 것 말이다.[3]

이런 점에서 그리스도인의 삶에 일어나는 "모든 것"은 다음과 같은 목적을 따라 계획되었다. 하나님께 영광 돌리고, 하나님 나라의 목적을 추구하고, 우리를 보다 거룩하게 하고, 사랑으로 채우고, 겸손하게 하고, 인내심을 키우고, 하나님을 더욱 신뢰하는 선 등등, 그 목적을 열거하자면 한이 없다. 하나님이 우리를 본향인 천국으로 부르실 날과 그분이 이 땅으로 돌아오실(그래서 우리가 "영화롭게 되는", 30절을 보라) 날 중 어떤 날이 먼저 오든지, 그날까지 하나님은 우리를 영적으로 성장시키시고 우리가 더욱 그분을 닮도록 하기 위해 이런 상황들을("모든 것"이라고 하신 것을 기억하라) 이용하신다.

그렇다면 본질적으로 하나님은 위대한 승리와 끔찍한 비극을 전부 함께 엮어 이 세상에서 그분의 주권적인 목적을 이루어가시며, 거기에는 우리를 변화시키는 것도 포함된다. 이것의 가장 극적인 사례는 그리스도의 십자가다. 사악하기 이를 데 없는 사탄이 자기가 이겼다고 생각한 것은 바로 이 지점에서다. 그러나 하나님은 죄악 된 인간의 행동을 의도적으로 함께 엮어서 더 큰 선(우리의 구원)을 위한 것으로 만드셨다. 사도행전 4장은 이 점을 잘 포착한다. 산헤드린이 베드로와 요한에게 예수의 이름으로 가르치거나 설교하는 것을 금지했을 때, 베드로와 요한은 이 일을 백성에게 보고한 다음, 그들이 있는 자리에서 큰 소리로 기도했다.

> 과연 헤롯과 본디오 빌라도는 이방인과 이스라엘 백성과 합세하여 하나님께서 기름 부으신 거룩한 종 예수를 거슬러 하나님의 권능과 뜻대로 이루려고 예정하신 그것을 행하려고 이 성에 모였나이다(행 4:27-28).

따라서 이것은 신비다. 나쁜 일이 일어나지만, 하나님은 그것을 선으로 바꾸신다. 하나님은 예수님이 십자가로 가실 것과 악한 자들이 그분을 그곳에 매달 것이라는 계획을 이미 갖고 계셨다. 이것은 하나님의 주권적인 목적이었으며, "그의 목적에 따라 부름 받은" 우리는 최고조에 달한 인간의 악으로부터도 궁극적인 선을 얻게 되는 것이다.

그러므로 우리는 어떤 일이 일어난다 해도 하나님이 배후에서 일하고 계시다는 사실을 기억해야 한다. "너희 안에서 착한 일을 시작하신 이가 그리스도 예수의 날까지 이루실" 것이기 때문이다(빌 1:6).

그리스도인으로서 우리에게 일어나는 최악의 일조차도 (다시 한 번 말하지만 하나님이 영광을 받으시고, 하나님 나라의 목적이 추구되고, 우리가 더욱 예수님을 닮아가는) 더 큰 선을 위한 것이다.

그렇다면 이것을 한번 시험해보자.

약 50년 전에 미국 선교사 다섯 명이 아우카 인디언으로 알려져 있는, 난폭하기로 악명 높은 종족에게 복음을 전하기 위해 에콰도르의 오지로 갔다. 그 선교사들은 짐 엘리엇(Jim Elliot), 네이트 세인트(Nate Saint), 에드 맥컬리(Ed McCully), 로저 유데리안(Roger Youderian), 피터 플레밍(Peter Fleming)이었다. 그들은 비행기에서부터 토착민들과의 접촉을 시작했다.

선교사들은 토착민들과 관계를 구축하기 위해 근처에 텐트를 치고서 그들과 몇 번에 걸쳐 우호적인 만남을 가졌다. 그런데 그 와중에 끔찍한 오해가 생겼고, 열 명의 토착민들이 창과 칼로 다섯 선교사 모두를 죽였다. 하나님은 도대체 이 일을 통해서 무슨 선을 이루려고 하셨던 것인가? 그 당시 제기된 의문은 이것이었다고 나는 확신한다.

그로부터 몇 년이 흐른 후, (짐 엘리엇의 아내인) 엘리자베스 엘리엇(Elizabeth Elliot)과 (네이트 세인트의 누이인) 라헬 세인트(Rachel Saint)는 아우카 인디언들을 향한 지속적인 선교 사역에 동참하게 된다. 그들은 자기 종족에게서 도망쳐 살고 있던 다유마(Dayuma)라는 아우카 소녀를 통해 아우카 인디언 언어를 배울 수 있었다. 그들은 나중에 그 소녀와 함께 아우카 족속에게로 가서 그들과 살며 수많은 아우카 인디언을 그리스도께로 인도했다. 그중에는 그들의 사랑하는 남편과 오빠를 죽였던 사람들까지도 포함되어 있었다.

이 여인들은 자신들에게 일어난 일에 대해 얼마든지 슬퍼하고 분노할 권리를 갖고 있었다. 그러나 하나님의 은혜와 사랑은 그들로 하여금 용서의 손을 내밀게 했다. 이 모든 것이 그리스도의 이름으로 이루어졌다.

그렇다면 하나님이 그 끔찍한 비극을 통해 이루었던 선은 무엇인가? 많은 아우카 인디언들이 그리스도를 믿어 구원을 얻게 되었다는 것, 단지 그것뿐이다. 그 여인들은 복음을 나누어주는 일에 쓰임 받았으며, 용서와 은혜의 능력에 대해 간증할 수 있었다. 살해된 선교사들에게 주어진 상은 천국의 영광이었으며, 그들의 이야기는 수많은 사람에게 영감을 주어 그리스도의 대의를 위해 선교에 동참하게 했다.

하나님을 사랑하고 그분의 목적에 따라 부름 받은 사람들에게 모든 것이 합력하여 선을 이룬다는 것은 바로 이런 의미다. 오직 하나님만이 큰 그림을 보셨다. 하나님은 자신의 궁극적인 선한 계획을 알고 있는 분이었다.

따라서 큰 고난과 비극이 당신을 찾아온다 해도, 그리스도를 믿는 신자로서 하나님이 그분과 당신의 선을 위해 지휘하고 계시다는 것을 부디 알기 바란다. 그리고 계획하는 분이 하나님이시기 때문에, 우리는 하나님 자신을 더욱 닮게 만드시려는 그분의 계획이 우리 한 사람 한 사람을 위한 맞춤형이라는 사실에 기뻐할 수 있다. 신자들의 삶이 항상 안전하게만 느껴지는 것은 아닐 것이다. 그러나 그것은 (이생에서나 다음 생에서나 모두) 선하다. 이 사실을 아는 것보다 더 큰 평안은 없다.

7장
내 이름으로 일컫는 내 백성이

"내 이름으로 일컫는 내 백성이 그들의 악한 길에서 떠나 스스로 낮추고 기도하여 내 얼굴을 찾으면 내가 하늘에서 듣고 그들의 죄를 사하고 그들의 땅을 고칠지라."

_역대하 7:14

성서고고학에는 나를 매료시키는 무엇인가가 있다. 나는 항상 역사를 좋아했다. 역사가 되살아나는 것을 보는 큰 특권이 고고학에 있는 것이다. 고고학적 발굴은 매우 고된 작업일 수 있다. 그럼에도 불구하고 많은 연구가들은 발굴현장에 있는 것이 마치 어린아이가 사탕 가게에 있는 것과 같다고 말한다. 수천 년 전 문화나 민족에 대한 이야기를 들려주는 역사의 한 조각을 언제 맞닥뜨리게 될지 미리 알 길이 없기 때문이다.

성경은 고대 역사를 잔뜩 담고 있는 책이다. 하지만 분명 그 이상의 책이기도 하다. 성경은 하나님이 우리에게 주시는 계시이며, 그것의 일차적인 관심은 하나님과 그분의 구원계획을 우리에게 알려주는 것에 있다. 성경 이야기와 배경은 계시인 동시에 본질상 역사적이다.

성서고고학은 성경 기사들의 역사성과 진정성을 확증해주는 놀라운 기록을 갖고 있다.

성경을 정확하게 해석하기 위해서는 본문 자체의 문학적 맥락과 함께 역사적 맥락을 고려하는 것이 중요하다. 성경에서 일어난 일들 중 많은 것들이 고대문명 안에서 일어났으며, 그 문명들의 언어와 생활방식, 정부체제 및 문화적 가치들은 시대마다 또 지리적인 위치마다 달랐다. 성경 이야기에는 아주 오래전 우리 문화와는 상당히 다른 곳에 살았던 실제 인물들이 등장한다.

이 역사를 아는 것이 해석의 열쇠다. 다행히 역사적·문학적·문화적·사회학적 연구를 통해 우리에게 도움이 되는 풍부한 자료가 주어졌다. 현대와 같은 정보화 시대에 우리의 지식기반은 엄청나게 증가했다. 그러므로 성경의 역사적 배경을 이해하는 우리의 능력은 그 어느 때보다 최고조에 달해 있다.

본문의 역사적·문화적 맥락에 주의를 기울이지 않았기 때문에 습관적으로 잘못 사용되는 구약의 한 구절이 있다. 그 구절은 오늘날 기도 모임에서(특히 연례행사인 국가 기도의 날 동안에) 종종 사용되는 역대하 7:14이다. 이 구절은 감동적인 약속을 주는 구절인데, 주님과 조국을 사랑하는 많은 사람들이 이 진리의 말씀에 희망을 두었다.

> 내 이름으로 일컫는 내 백성이 그들의 악한 길에서 떠나 스스로 낮추고 기도하여 내 얼굴을 찾으면 내가 하늘에서 듣고 그들의 죄를 사하고 그

들의 땅을 고칠지라(대하 7:14).

이 구절은 겸손, 기도, 하나님을 찾는 것, 회개의 필요 등 위대한 영적 진리를 핵심으로 하고 있다. 더 나아가 하나님이 귀를 기울여 (기도를) 들으시고, 용서하시며, 치유하신다는 약속이 여기에 있다. 표면적으로 볼 때, 이 구절은 정의와 진리와 축복이 조국에 구현되는 것을 보기를 갈망하는 신자들의 주목을 끌기에 이상적인 구절로 보인다. 그러나 과연 이 구절을 그렇게 사용하는 것이 정당한가? 이제 문맥을 살펴보자.

다윗 왕의 아들 솔로몬이 이스라엘의 왕위에 올랐다. 그는 주님을 위해서 멋진 성전을 건축하고, (하나님 임재의 상징인) 언약궤를 가져오고, 하나님의 백성들이 모인 자리에서 성전을 봉헌했다. 하나님이 다윗에게 주셨던 약속을 성취하셨기 때문에, 이 순간은 이스라엘에게 있어 절정의 순간이 된다.

솔로몬은 백성들 앞에 서서 강력한 연설을 하고 봉헌 기도를 드린다. 솔로몬이 하나님 앞에 무릎 꿇고 앉아, 두 손을 하늘을 향해 높이 들고, 언약에 대한 하나님의 신실하심을 외치며 경배하는 모습을 상상해보라. 얼마나 멋진 광경인가!

솔로몬은 그곳에서 드리는 자신의 기도와 백성의 기도에 하나님이 귀 기울여 주시기를 기도한다. 더불어 주님이 심판자뿐 아니라 죄를 용서하는 분이 되어주시기를 간구하며, 또한 백성들이 죄를 회개하며 그분 앞에 올 때 (기근이나 가뭄과 같은) 심판을 거두어주실 것을 간구한다.

솔로몬은 주님께 이 성전에서 그분의 얼굴을 구하는 이방인의 기도를 들어주시고, 전시에 이스라엘을 축복해주시기를 간구한다. 마지막으로 만약 하나님이 이스라엘의 죄 때문에 그들을 전쟁에서 패하게 하신다면, 그들이 회개할 때 용서하시고 살려주시기를 간구한다. 기도를 끝맺으면서 솔로몬은 주님께서 이 성전과 제사장과 백성과 주의 기름 부음 받은 왕인 자신을 위해 역사해주시기를 간절히 기도한다.

그러자 솔로몬의 기도를 들으셨다는 것을 확증하는 시각적이고 극적인 반응으로 불이 하늘로부터 내려와 희생 제물을 태우고, 하나님의 영광이 성전을 가득 메운다. 백성들은 이 놀라운 사건에 압도되어 땅에 엎드리며, 한 주간에 걸쳐 축제를 벌이고 노래하고 제물을 드리며 하나님께 경배 드린다. 그 후에 그들은 기쁜 마음으로 집으로 돌아간다. 분명 이스라엘은 가장 영광스러운 시기를 구가하고 있다.

수년의 세월이 흐른 다음 솔로몬은 자신의 궁정을 완성한다. 그런데 한밤중에 갑자기 하나님이 솔로몬에게 나타나신다(하나님이 어떻게 나타나셨는지는 말하지 않는다). 그리고 이어지는 내용은 수년 전 솔로몬이 성전에서 공적으로 드렸던 기도에 대한 하나님의 반응이다.

내가 이미 네 기도를 듣고 이곳을 택하여 내게 제사하는 성전을 삼았으니 혹 내가 하늘을 닫고 비를 내리지 아니하거나, 혹 메뚜기들에게 토산을 먹게 하거나, 혹 전염병이 내 백성 가운데에 유행하게 할 때에 내 이름으로 일컫는 내 백성이 그들의 악한 길에서 떠나 스스로 낮추고 기도하여 내 얼굴을 찾으면 내가 하늘에서 듣고 그들의 죄를 사하고 그들의 땅을 고칠지라(대하 7:12-14).

이 본문에서 우리가 주목해야 할 것이 몇 가지 있다. 하나님의 이 대답은 하나님의 선민인 이스라엘을 대표하고 이끄는 왕인 솔로몬에게 특별히 주어진 것이다. 하나님이 말씀하고 계시는 "곳"은 다름 아닌 "제사하는 집", 곧 성전 그 자체다.

이것은 의미심장하다. 왜냐하면 하나님의 약속은 콕 집어서 **이**때, 이곳에 있는 **이** 백성과 **이** 왕에게 주어진 것이기 때문이다. 이것은 지구상의 다른 나라에게 주어지는 일반적인 약속으로 의도된 것이 아니다. 다른 어떤 나라도 "하나님의 백성"이라고 주장할 수 없고, 오늘날 다른 어떤 나라도 살아계신 하나님이 거하시는 성전을 갖고 있지 않다.

더욱이 하나님이 (그분의 백성인) 이스라엘이 죄를 지을 것이라고 가정하고 있다는 점에 주목하라. 기근과 가뭄의 때가 오며, 메뚜기들이 땅의 곡물을 먹어치우고, 사람과 가축이 역병과 전염병에 걸리게 될 것인데, 이 모든 것은 그들의 죄악에 대한 심판이라고 선포하신다. 그러나 (그의 이름으로 일컫는) 하나님의 백성이 스스로를 낮추고, 기도하고, 하나님을 찾고, 회개하면, 이 심판은 오래가지 않을 것이다.

그때 하나님이 이에 대한 반응으로 놀라운 일을 행하신다. 하나님은 그들의 죄를 용서하실 뿐만 아니라, (가뭄, 메뚜기, 역병 등) 물리적인 심판으로 황폐해진 땅을 회복하실 것이다. 달리 말해서 하나님은 그 땅을 회복시켜 다시 비가 내리게 하실 것이며, 백성들을 먹이고 그들의 필요를 채워줄 농작물과 수확이 있게 하실 것이다. 이러한 치유는 그 성질상 영적인 것이 아니라 반드시 물리적인 것이며 땅 그 자체와 관련이 있다.

그런 다음, 하나님은 만약 솔로몬이 하나님의 율법과 계명을 따라 신실하게 행한다면 성전에서 드리는 기도를 들으시며 그를 지속적으로 축복할 것이라고 다시 한 번 약속하신다.

이제 이 성경 구절이 어떻게 문맥에서 분리되어 잘못 사용되어왔는지를 보길 바란다. 겸손, 회개, 기도, 용서, 치유의 영적 원칙들은 오늘날 우리와도 여전히 관계가 있다. 그럼에도 불구하고 이 본문의 확고한 약속은 다른 시대와 다른 장소에 있던 다른 사람들을 위한 것이었다. 이 약속은 "하나님의 백성"이라고 당당하게 일컬어질 수 있는 이스라엘 이외의 그 어떤 나라에게도 주어진 것이 아니다.

더욱이 약속된 치유는 구체적으로 물리적인 땅의 치유다. 그러므로 우리는 치유의 개념을 마음대로 가져다가 일반화시키고, 또 그리스도인들이 사는 나라에 영적인 부흥을 가져다주는 약속으로 적용할 수 없다. 이것은 그 본문을 잘못 사용하는 것이다.

그렇지만 분명히 하고 넘어갈 것이 있다. 나는 그리스도인들이 그들의 나라나 지도자들을 위한 기도를 거부해야 한다고 말하는 것이 결코 아니라는 점이다. 그것은 불순종이 될 것이다. 사도 바울도 제자 디모데에게 다음과 같이 말했다.

> 그러므로 내가 첫째로 권하노니 모든 사람을 위하여 간구와 기도와 도고와 감사를 하되 임금들과 높은 지위에 있는 모든 사람을 위하여 하라. 이는 우리가 모든 경건과 단정함으로 고요하고 평안한 생활을 하려 함이라. 이것이 우리 구주 하나님 앞에 선하고 받으실 만한 것이니, 하나님은 모든 사람이 구원을 받으며 진리를 아는 데에 이르기를 원하시느니라(딤전 2:1-4).

우리가 기도할 때 하나님은 기뻐하신다. 우리가 다른 사람과 지도자와 나라를 위해서 기도할 때도 하나님은 기뻐하신다. 또한 하나님은 사람들이 스스로를 겸손하게 낮추고 회개하여 그리스도를 믿음으로써 구원을 받고 진리를 알게 되길 원하신다. 이럴 때, 그들은 그분의 이름으로 일컬어지는 하나님의 백성(교회)이 될 것이다.

더불어 그들은 영원토록 견고하게 서 있으며 결코 흔들리지 않을 영적인 나라에서 새로운 시민권을 얻게 될 것이다(히 12:28). 그들은 자신들을 위해 특별히 준비된 성읍이 있는, 더 좋은 나라의 시민(히 11:16), 곧 천국의 시민이 된다(빌 3:20).

우리가 사는 세상은 타락했고 더 이상 좋아질 것 같지도 않다. 이 세상은 언젠가 사라질 것이다. 그러나 그리스도인들이여, 이 세상은 우리의 본향이 아니라는 사실에 힘을 내라. 우리의 본향은 천국이다. 그리고 언젠가는 새 하늘과 새 땅이 실재할 것이다. 그날이 올 때까지 우리는 신실하게 믿음의 행진을 하고, 복음을 선포하며, 나라와 지도자들을 위해 기도하고, 우리가 특별히 누릴 권리가 있는 자유를 즐거워해야 한다.

지금 우리가 살고 있는 나라가 성경적 원칙 위에 세워진, 지구상에서 가장 위대한 나라, 우리의 목숨을 기꺼이 바칠 가치가 있는 나라라고 하더라도, 우리는 그것을 하나님 나라와 혼동해서는 안 된다.

사람들이 진정 회개할 때, 새롭게 되고 축복받는 때가 오는 것은 진정한 성경적 원칙이다(행 3:19-20). 이런 면에서 우리는 회개와 부흥이 이 땅에 일어남으로써 하나님의 용서와 은혜와 치유가 우리 위에 쏟아져 내리기를 기도해야 한다. 그러나 역대하 7:14이 하나님의 약속을 고대 이스라엘 백성에게 일어났던 것과 똑같은 방식으로 오늘날에도 이루어지게 하는 구절이라고 주장하는 것은 적절한 적용이 아니다.

8 장
예수, 모든 피조물보다 먼저 나신 이

"그는 보이지 아니하는 하나님의 형상이시요 모든 피조물보다 먼저 나신 이시니."
_골로새서 1:15

상상력이 뛰어난 한 어린 소녀가 있었다. 그 소녀의 이름은 제니퍼였다. 제니퍼는 교실에서 유치원 아이들이 으레 하는 일을 하고 있었다. 미술 시간에 손에 색연필을 쥐고는 도화지 위에 걸작을 만들어내느라고 열심이었던 것이다.

선생님은 교실 안을 왔다 갔다 하면서, 아이들 어깨 너머로 들여다보고, 칭찬도 하고, 격려도 해주고 있었다. 선생님은 제니퍼 옆으로 다가와 물었다. "제니퍼야, 뭘 그리는 거니?"

다섯 살치고는 조숙했던 이 소녀는 고개를 들고 자신만만한 표정으로 대답했다. "하나님을 그리는 중이에요." 그런 다음 다시 열심히 그림을 그리기 시작했다. 선생님 얼굴에 미소가 떠올랐다. 선생님은 혼자 속으로 빙긋이 웃으며 현명하고 박식한 어른답게 말했다. "그런

데 제니퍼야, 아무도 하나님이 어떻게 생겼는지 모른단다." 하지만 제니퍼는 전혀 아랑곳하지 않고 계속 손을 놀려 그림을 그리면서 말했다. "곧 보게 될 거예요."

우리는 요한복음에서 보이지 않는 하나님을 (하나님의 영광이 충만한 모습으로) 어느 누구도 본 적이 없다는 말씀을 듣는다. 하나님을 본다는 것은 우리가 우리 본연의 죄성 때문에 그 자리에서 곧바로 죽는다는 것을 의미했다(출 33:20). 그러나 좋은 소식이 있다. 하나님께서 육신이 되어 인간의 형상을 취함으로써 우리가 감당할 수 있는 방식으로 자기 자신을 드러내시기로 했다는 것이다(요 1:14, 18; 빌 2:8). 그의 이름은 예수이며, 신약성경은 예수님이 우리가 알 수 있는 형상으로 오신 완전한 하나님이라고 꾸준히 증거하고 있다(빌 2:6-8; 히 1:1-3).

당신은 어떨지 모르지만, 나는 1세기 사람들이 만난 예수님이 어떤 분이었을까를 상상해보려고 늘 노력해왔다. 나는 세계 여러 곳을 여행하면서 각 문화마다 예수님의 모습에 대해 나름의 개념을 갖고 있다는 것을 발견했다. 최근 일본으로 여행 갔을 때는 복음전도용 소책자를 보고 깜짝 놀랐다. 그 만화 책자 속의 주인공은 일본인 예수처럼 보였던 것이다.

아프리카나 기타 서구 지역에서도 마찬가지다. 우리는 우리 자신처럼 생긴 예수님을 머릿속에 그린다. 나는 자랄 때 교회에서 긴 갈색 머리와 푸른 눈을 한 백인처럼 생긴 예수님이 겟세마네 동산에서 기도하는 그림을 보았던 것이 기억난다. 그런데 사실 예수님은 흑인도,

백인도, 동양인도 아니었다. 예수님은 중동 지역의 유대인이었다.

예수님의 피부색은 아마도 햇볕에 검게 그을린 갈색처럼 보였을 것이다. 예수님은 평생을 목수의 아들로 일했으므로, 체격이 단단하고 약간은 투박한 외모를 갖고 있었을 가능성이 높다. 그의 머리는 짧고 수염이 얼굴을 뒤덮고 있었을 것이다. 이런 특징은 대다수 유대인 남자들의 공통적인 모습이었다. 예수님은 전체적으로 아주 평범하게 생긴 남자였다고 말해도 무방하다. 왜냐하면 예수님이 유다에게 배반을 당했을 때, 유다가 예수님의 뺨에 입맞춤으로 병사들에게 어떤 사람이 예수님인가를 가르쳐주기로 미리 약속했기 때문이다. 이것은 예수님의 외모가 다른 사람보다 출중하지 않았을 것이라는 점을 시사한다. 물론 단지 추측에 불과하지만 말이다.

핵심은 이것이다. 신약은 우리에게 예수님의 외모에 대해 거의 묘사해주지 않는다는 것이다. 솔직히 말해서 사도들이 우리에게 그런 정보를 말해줄 필요가 없다. 그러나 예수님이 인간의 형상을 지닌 하나님이었다는(요일 4:2) 것을 입증하는 것은 **필요했다**. 십자가에서 (우리를 대신하여) 대속물이 되시는 그분의 역할은 이 사실에 의존한다.

그러나 영지주의자와 같은 많은 거짓 교사들은 육신적인 것이 모두 악하며, 영이나 비물질적인 것만이 선하다고 가르쳤다. 그들은 예수님이 단지 인간처럼 **보였을** 뿐이며 사실은 영이나 유령이었을 것이라고 주장했다. 또 다른 사람들은 예수님이 아마도 하나님에 의해서 창조된 천사의 한 종류였을 것이라고 주장했다.

예수님이 창조된 천사의 한 종류였다는 개념은 초기교회 이후로 내내 회자되었던 이단 교리다. 최근에는 여호와의 증인이 같은 개념을 주장하고 있다. 그들의 잘못된 가르침에 의하면, 예수님은 가장 먼저 창조된 천사인 천사장 미가엘에 불과하며, 그 미가엘이 하늘로부터 땅으로 보냄을 받아서 (일시적인 인간에 불과한) 예수가 되었다.

예수님은 지상에 있는 동안 사람이었음에도 불구하고, 예수님이 죽을 때 그분의 인성이 완전히 소멸되었고, "하늘로 돌아가 다시 한 번 천사장 미가엘이 되기 위해 불멸의 영"으로 살아났다고 여호와의 증인은 가르친다.[1] 또한 하나님 혹은 여호와가 우주 안의 다른 모든 사물을 창조했던 것은 이 창조된 천사(즉 그리스도가 되었던 미가엘)를 통해서였다고 한다. 그래서 그들의 가르침에 의하면, 예수님은 "열등한 신"이며, 전능하신 하나님이나 여호와와 동등하지 않고, 인간이 되기 오래전에 창조된 존재에 불과하다.[2]

여호와의 증인은 자기 주장을 입증하기 위해 표면적으로 그들의 가설을 지지해주는 것처럼 보이는 구절을 종종 오용한다. 하지만 자세히 살펴보면 그 구절은 그들의 주장을 전혀 뒷받침하지 못한다. 골로새서 1:15이 바로 그런 예다.

> 그는 보이지 아니하는 하나님의 형상이시요 모든 피조물보다 먼저 나신이시니.

여호와의 증인들은 사도 바울이 그리스도를 창조된 존재로 말하고 있다고 주장한다. 그러나 **장자**(먼저 나신 이)는 대개 한 가정에서 가장 먼저 태어난 아이를 의미하는 것이 맞지만, **이 구절의 경우 그 단어가 뜻하는 것은 앞의 의미가 아니며**, 문맥과 주변 구절들이 그 점을 확실하게 해준다(이 점에 대해서는 곧 살펴볼 것이다).

우선 **장자**라는 단어가 아주 다양한 의미로 사용될 수 있다는 점에 주목하는 것이 중요하다. 장자는 지위, 계급, 탁월함과 같은 개념을 가리키는 것일 수도 있다. 구약의 다윗 왕이 그런 경우였다. 그는 집안에서 막내로 태어났지만 "장자, 세상 왕들에게 지존자"(시 89:27)로 기름부음을 받았다.

이스라엘의 경우도 마찬가지다. 한 국가로서의 이스라엘은 (하나님이 국가를 세우기 전 이미 여러 세대의 사람들이 살았으므로) 땅 위에서 가장 먼저 생겨난 사람들이 아닌 것이 분명하다. 그럼에도 불구하고 하나님은 모세더러 "이스라엘은 내 아들 내 장자"(출 4:22)라고 바로에게 말하라고 명령하셨다. 다른 말로 하면, 이스라엘은 탁월함과 약속의 땅을 유업으로 받은 "상속자"가 될 사람, 즉 하나님이 선택하신 백성이라는 위치에 자부심을 갖고 있었다.

이런 특출함과 지위 개념은 야곱과 에서의 경우에서도 동일하게 찾아볼 수 있다. 에서는 먼저 태어났지만, 약속의 유업은 동생이면서도 "장자"로 간주되었던 야곱에게로 돌아갔다.

이런 사례들은 예수님에게 장자라는 호칭이 주어졌기 때문에 그분이 창조된 존재였다고 결론을 내릴 필요가 없다는 것을 보여준다. 시간적 순서가 항상 중요한 것은 아니다. 더욱이 그러한 해석은 문맥을 놓고 보면 납득이 가질 않는다. 바울이 15절의 앞부분에서 말했듯이, 예수님은 "보이지 아니하시는 하나님의 형상"이다. 그러므로 예수님은 "하나님의 형상으로 만들어지지" 않았다. 오히려 예수님은 하나님의 (참)형상**이며**("그 본체의 형상", 히 1:3), 다름 아닌 하나님 자신이다.

또한 다음 두 구절에서 바울은 예수님이 "만물보다 먼저 계신" 자로서 창조주의 역할을 수행했다고 기술한다.

> 만물이 그에게서 창조되되 하늘과 땅에서 보이는 것들과 보이지 않는 것들과 혹은 왕권들이나 주권들이나 통치자들이나 권세들이나 만물이 다 그로 말미암고 그를 위하여 창조되었고 또한 그가 만물보다 먼저 계시고 만물이 그 안에 함께 섰느니라(골 1:16-17).

만약 "하늘과 땅에 있는 만물"이 진실로 예수님에 의해 창조되었다면, 예수님이 창조된 존재였다고 말하는 것은 앞뒤가 맞지 않는다. 더욱이 바울이 예수님이 "만물보다 먼저 계셨다"고 말한 것은, 예수님이 창조 이전에 존재했으며 그러므로 영원히 존재했다는 의미다. 이 인접한 문맥은 예수님이 창조된 존재였다는 여호와의 증인의 해석과 충돌한다. 그와는 정반대로 바울은 예수님이 모든 만물을 창조하신 하나님이며 모든 만물은 그분으로 말미암아, 그리고 그분을 위해 창조되었고 그분을 의지하여 살아간다고 주장하고 있다.

요한복음 역시 예수님이 창조된 존재라는 여호와의 증인의 주장을 반박한다. 요한복음 1:3에서 사도는 이렇게 적고 있다.

> 만물이 그로 말미암아 지은 바 되었으니 지은 것이 하나도 그가 없이는 된 것이 없느니라.

요한은 "만물이 그로 말미암아 지은 바 되었다"고 말한다. 그러므로 삼위일체의 제2위이신 예수님은 "지어진" 그 무엇으로 간주될 수 없으며, 오히려 창조주 그 자체다.

여호와의 증인들이 번역한 성경은 골로새서 1:15-17 곳곳에서 그리스어 본문에는 없는 "다른"이라는 단어를 삽입하고 있으며, 이것은 여호와의 증인의 주장이 얼마나 황당무계한지를 보여준다.

> 그는 보이지 아니하는 하나님의 형상이시요 모든 피조물보다 먼저 나신 이시다. 왜냐하면 [다른] 만물이 그에 의해서 창조되되 하늘과 땅에서 보이는 것들과 보이지 않는 것들과 혹은 왕권들이나 주권들이나 통치자들이나 권세들이나 어떤 것이든 [다른] 만물이 다 그로 말미암고 그를 위하여 창조되었고, 또한 그가 [다른] 만물보다 먼저 계시고, [다른] 만물이 그에 의해서 지어졌느니라. [골 1:15-17, 워치타워 협회(Watchtower

Society: 역주-여호와의 증인의 법인)의 신세계역 성경(New World Translation)]

"다른"이라는 단어를 원문에 추가함으로써, 여호와의 증인은 예수님이 하나님에 의해 가장 먼저 "지어졌으며" 그 다음 "다른" 만물들은 예수님에 의해서 지어졌다는 점을 암시하려고 한다. 이것은 다름 아닌 학문적인 불성실에 해당한다. 왜냐하면 "다른"이라는 단어는 본래 사본에는 없으며, 또한 문맥 안의 어떤 것도 그것을 암시하지 않기 때문이다.

내가 이 책 서두에서 성경이 잘못 다루어지거나 부적절하게 사용될 때 (혹은 이 경우에서처럼 신학적인 관점을 뒷받침하기 위해서 잘못 번역될 때) 위험한 책이 될 수 있다고 주장했던 이유가 바로 이것이다.

사진을 공부한 사람은 카메라의 세팅이 적절하게 설정되어 있지 않으면 사진이 왜곡되거나 흐릿하게 나올 수 있다는 것을 안다. 그것은 성경의 문맥을 고려하지 않은 채, 혹은 성경이 다른 곳에서 명확하게 가르치는 것을 무시한 채 해석할 때도 마찬가지다.

우리에게 예수님의 물리적인 초상화는 없지만, 성경을 바르게 해석함으로써 올바른 신학적 초상화는 분명히 발견할 수 있다. 하나님께서 그리셨던 그림은 걸작이다.

9장
돈은 모든 악의 뿌리

"돈을 사랑함이 일만 악의 뿌리가 되나니 이것을 탐내는 자들은 미혹을 받아 믿음에서 떠나 많은 근심으로써 자기를 찔렀도다." _디모데전서 6:10

돈, 돈, 돈, 돈- 돈! 유명한 R&B 그룹인 오제이스(The O'Jays)가 부른 히트곡 "돈을 사랑함이"에서 가장 먼저 등장하는 가사는 이것이다. 1970년대 초반에 처음 인기를 얻었던 이 노래는 다시 리메이크되어 최근에는 도날드 트럼프의 리얼리티 쇼인 어프렌티스(Apprentice)와 셀레브리티 어프렌티스(The Celebrity Apprentice)에서 주제곡으로 사용되었다.

이 노래의 곡조는 입에 착착 달라붙는 까닭에 미국인들이 좋아한다. 그러니까 곡조 말이다. 그런데 가사는…아마 가사도 좋아할 것이다.

돈에는 미국 문화를 사로잡는 모종의 힘이 있다. 좋든 나쁘든, 미국은 역사상 존재했던 어떤 나라보다 더 부유한 나라다. 따라서 잘못 사용된 인기 있는 성경 구절들을 살펴봄에 있어서 우리는 돈에 주목하지 않을 수가 없다.

이번 장의 제목에는 틀린 것이 두 가지가 있는데, 사실 일부러 그렇게 했다. 그러나 먼저 "돈은 모든 악의 뿌리"라는 진술은 대부분 사람들이 성경이 돈에 대해서 말하는 것을 기억해내려고 할 때 입에 올리는 말이라는 것을 알아야 한다. 그것은 하나님이 부자를 미워하며, 돈 자체가 지구상에 존재하는 모든 악의 원천이라는 (분명히 잘못된) 인상을 준다. 그러나 이 두 가지는 모두 사실이 아니다.

우선 문맥 안에서 이 구절 전체를 읽으면서 더 정확하게 인용하면 도움이 될 것이다. 자, 그렇게 해보자. 내 생각에 이 구절을 가장 잘 번역한 성경은 ESV(English Standard Version)이다. 이 번역본은 해당 구절 첫 번째 문장의 마지막 부분을 다음과 같이 정확하게 번역해준다.

> 돈을 사랑함이 **모든 종류의 악의 뿌리의 하나**이니, 돈을 탐냄으로 어떤 사람들은 믿음에서 떠나 곁길로 갔으며 많은 근심으로 스스로를 찔렀도다(딤전 6:10).

바울이 일반적으로 돈 자체를 폄하하지는 않지만, 대신 "돈을 사랑함"에 대해서 경고하고 있다는 점에 주목하라. 여기에는 큰 차이가 있다. 성경은 어디서도 돈을 소유하는 것이 잘못되었거나 돈을 많이 보유하고 있는 것이 잘못이라고 가르치지 않는다. 부유한 것은 죄가 아니다.

그러나 성경은 돈이 많기 때문에 겪게 되는 많은 스트레스와 압박감과 유혹에 대해 경고하며, 우리에게 책임감을 갖고 관대하며 자비로울 것을, 특히 궁핍한 자들에게 그렇게 할 것을 가르친다. 더욱이 예수님은 비유를 통해 소유(혹은 돈)에 집착하거나 하나님보다 돈을 더 섬기게 될 정도로 우리의 소유(혹은 돈)가 우리 자신을 소유해서는 안 된다고 가르치셨다. 마태복음 6:24은 "너희가 하나님과 재물을 겸하여 섬기지 못하느니라"라고 말씀하고 있다.

재미있는 것은 돈이 많은 사람이나 적은 사람이나, 둘 다 돈이 그들을 지배할 정도로 돈에 집착할 수 있다는 점이다. 예수님이 경고하셨던 것이 바로 이것이다. 우리의 주인은 오직 우리 주 예수님 한 분이어야 한다.

따라서 첫째, 문제는 돈을 **사랑**하는 데 있다. 둘째, 바울은 돈을 사랑하는 것이 "모든 종류의 악의 뿌리의 **하나**"라고 말한다. ㅇ` 차이점에 주목해보라. 사람들이 암송하는 인기 있는 구절은 대개 "돈을 사랑함이 **모든** 악의 뿌리"라고 기록하고 있는 킹제임스 성경에서 온 것이다. 킹제임스 번역에선 **모든 악이란 악**은 그것이 무엇이든지 상관없이 "돈을 사랑함"에 그 뿌리를 두고 있거나 거기서 기원한다고 말하고 있는 것 같다. 그러나 이것은 바울이 말하는 것을 정확하게 전달하지 못하며 문맥에 비춰보아도 결함이 있다.

먼저 9절을 가지고 내가 말하고자 하는 것이 무엇인지를 살펴보기로 하자. 바울은 다음과 같이 말했다.

부하려 하는 자들은 시험과 올무와 여러 가지 어리석고 해로운 욕심에 떨어지나니 곧 사람으로 파멸과 멸망에 빠지게 하는 것이라(딤전 6:9).

바울이 (많은 거짓 교사들이 갖고 있는) 부자가 되려는 욕망에 대해서, 그리고 얼마나 유혹에 빠지기 쉬운지에 대해서 말하고 있다는 점에 주목하라. 부에 대한 욕망 혹은 갈망은 종종 사람들로 하여금 삶을 파멸로 이끄는 해롭고 어리석은 욕구들을 갖도록 만든다. 사실 바울은 10절 말미에서 많은 사람들이 이 욕망 때문에 믿음(영적인 것을 추구하며 사는 그리스도인의 삶)에서 떠나고, 그 결과, NIV가 번역했던 대로, 불필요한 **근심**과 고난으로 자기 자신을 해치게 된다고 말한다.

그러나 바울은 모든 종류의 욕망이 다 나쁜 것이라거나 혹은 한 사람의 인생을 파멸로 이끈다고 말하지 않는다. "많은" 욕망들이 그렇게 한다고 말한다. 그러므로 여기서 본문을 관통하여 흐르고 있는 원칙이 있다. 그것은 **모든** 욕망이 아니라 **많은** 욕망이라는 것이다. 곧 **모든** 돈 그 자체가 아니라 **돈을 사랑함**이며, **모든** 악이 아니라 **많은 종류**의 악이라는 것이다.

바울은 그의 논거 안에서 진술을 절대화하거나 일반화하는 것을 피하고 있다. 그러므로 문맥 안에서 원래의 그리스어를 정확하게 파악하는 더 좋은 번역은 다음과 같다.

돈을 사랑함이 많은 종류의 악의 뿌리의 하나이다.

이렇게 번역할 때 전체적인 그림이 바뀐다. 돈 자체는 악하지 않다. 그리고 공정하게 말해서, 많은 악이 돈과 결부되어 있을 수 있음에도 불구하고, 존재하는 모든 악이 돈과(혹은 돈을 사랑함과) 전적으로 결부되어 있는 것은 아니다.

많은 사람이 인간 악의 주요 근원은 인간이 스스로 신이 되려고 하는(그것은 루시퍼도 느꼈던 유혹인 것 같다) 교만이라고 주장했다. 이러한 내적 성향은 하나님께 불순종한 결과, 즉 에덴동산에서 하와가 "하나님처럼" 혹은 본질적으로 "자기 자신의 하나님이" 되고자 하는 유혹에 굴복한 결과로 왔다. 아담과 하와가 함께 저질렀던 불순종의 죄는 하나님의 도덕률을 왜곡하고, 피조물의 타락을 초래했으며, 인류 전체에 영향을 주었다.

인류의 죄는 그것이 탐욕, 정욕, 거짓말, 혹은 어떤 종류의 죄악이든 상관없이, 죄악 된 육신의 정욕과 (하나님의 영광과 정면으로 대치되는) 자기 자신의 영광을 추구하는 데 뿌리를 두고 있다. (자기 보존과 자신의 몸을 돌보는 것처럼) 건전한 자기 이익 추구와 같은 것도 있지만, 인류는 왜곡된 자아 사랑에 비극적으로 빠졌으며, 정도의 차이는 있지만 타락한 죄의 본성을 만족시키려는 끝없는 갈망을 갖게 되었다.

내가 생각하기에 (죄의 본질 자체는 무법성임에도 불구하고) 이것은 모든 죄의 중요한 근본적 이유이며, 홀로 영광 받으시고 경배 받으시고 순종 받기에 합당한 거룩하신 하나님에 대한 범죄다. 이 질병을 고칠 수 있는 유일한 치유책은 회개와 믿음을 통해 받는 변화와 새로운 영적인 삶이며, 그것은 십자가에 달려 돌아가시고 죽음에서 부활하시고 우리의 죄를 온전히 속죄하시는 예수님을 믿는 것이다.

그래서 예수님이 제자도의 핵심은 각 사람이 "**자기 자신을 부인**하고 자기 십자가를 지고 나(예수님)를 따르는 것"(마 16:24)이라고 말씀하신 것은 놀라운 일이 아니다. 이것은 모든 것을 제자리로 돌아가게끔 해주는 것 같다. 하나님께 순종하고, 스스로 하나님이 되고자 하는 육신의 정욕으로부터 돌아서는 것이 문제의 본질이다.

그러므로 엄청난 악의 원천은 바로 인류가 스스로의 영광을 추구하는 데 뿌리를 두고 있는, 곧 돈을 사랑함이다. 우리는 전쟁, 살인, 강간, 인류에 대한 악랄한 범죄에 혐오감을 느끼며, 그렇게 하는 것이 마땅하다. 그러나 나는 우리가 수많은 인생을 황폐하게 하고 모든 종류의 악의 뿌리임이 확실한, 개인적이고 집단적인 탐욕에도 동일한 혐오감을 느껴야 한다고 믿는다.

마지막으로 한 가지를 더 말하고자 한다. 저자가 정말로 말하는 것을 더 잘 이해하기 위해서는, 본문 앞뒤에 있는 단어, 구절, 사상을 찾아보는 일 즉 성경을 문맥 안에서 주의 깊게 읽는 것과 더불어, 누군가 성경을 인용할 때 정확하게 인용하고 있는지를 확인하라. 우리가 여기서 보았던 것처럼 "사랑함"이라는 단어는 자주 인용되는 이 구절에 완전히 다른 의미를 부여한다.

정치유세를 지켜볼 때마다, 나는 이야기 전체를 듣고 있는지 아니면 문맥에서 분리되어 전략적으로 편집된 일부분만을 듣고 있는 것인지가 궁금해진다. 이는 정치적 영역뿐 아니라 종교계에서도 (심지어 선한 의도를 가진 사람들에 의해서도) 행해지는 일이다. 그렇다면 우리는 바울이 디모데에게 했던 "너는 진리의 말씀을 옳게 분별하며 부끄러울 것이 없는 일꾼으로 인정된 자로 자신을 하나님 앞에 드리기를 힘쓰라"(딤후 2:15)는 말씀에 귀를 기울이는 것이 좋을 것이다.

10 장

능히 감당할 수 있는 것만을

"하나님은 미쁘사 너희가 감당하지 못할 시험 당함을 허락하지 아니하시고"

_고린도전서 10:13

이 구절은 종종 격려의 말씀으로 사용된다. 가는 길이 험해질 때면, 좋은 의도를 가진 어떤 사람이 끼어들어 이렇게 말하곤 한다. "기억하세요. 하나님은 우리가 감당할 수 있는 것 이상을 결코 우리에게 주시지 않는다고 약속하셨어요." 그렇지만 어찌된 영문인지 그렇다고 해서 항상 짐이 가벼워지는 것은 아니다. 사실 그것이 정말로 맞는 말인지, 그 다음 그것이 어디에서 발견되는지를 묻는 것이 옳은 순서다.

사도 바울은 많은 시련을 겪었다. 위험지역을 자주 여행했던 개척자적 선교사인 바울은 그리스도를 위한 자신의 고난에 대해 서슴지 않고 말했다. 고린도후서 6장에서 바울은 자신이 받은 고난의 심각성을 묘사하기 위해 많이 견디는 것, 환난, 궁핍, 고난, 매 맞음, 갇힘, 수고로움, 자지 못함, 배고픔, 슬픔, 부당한 처우, 아무것도 가진 것이 없음 등등 꽤 묵직한 단어들을 사용한다(고후 6:4-10을 보라).

그것은 바울이 감당할 수 있는 것 이상이었는가? 바울이 이 편지 서두에서 했던 말에 귀 기울여 보라.

> 형제들아 우리가 아시아에서 당한 환난을 너희가 모르기를 원하지 아니하노니 힘에 겹도록 심한 고난을 당하여 살 소망까지 끊어지고 우리는 우리 자신이 사형 선고를 받은 줄 알았으니(고후 1:8-9).

이것은 분명 하나님이 바울에게 그가 감당할 수 있는 것 이상의 고난을 주었던 것처럼 들린다. 바울의 힘은 다 소진되었으며, 그는 죽고 싶을 정도로 깊은 절망에 빠졌다. 그렇다면 왜 그랬을까? 왜 하나님은 그렇게 하실까? 우리가 해야 할 일은 단 한 가지, 9절을 마저 다 읽는 것뿐이다.

> 이는 우리로 자기를 의지하지 말고 오직 죽은 자를 다시 살리시는 하나님만 의지하게 하심이라(고후 1:9).

하나님이 바울에게 "힘에 겹도록" 고난을 허용하셨던 이유는 바로 이것이다. 하나님은 바울에게 자기 자신의 힘을 의지하지 말고 하나님으로부터 오는 힘, 즉 그리스도를 죽음으로부터 일으키셨을 때 하나님이 발휘하셨던 것과 같은 힘과 능력을 의지하라고 가르쳐주셨다(엡

1:19-20).

그래서 "하나님은 절대로 우리가 감당할 수 있는 것 이상을 주시지 않을 것"이라는 통속적인 생각은 실은 너무나 잘못된 것이며, 거짓말에 불과하다. 하나님은 우리에게 우리가 감당할 수 있는 것 이상을 **주실** 것이다. 이는 우리를 자신의 한계까지 몰고 감으로써 우리가 우리 자신의 삶, 호흡, 견뎌내는 능력이 언제나 오직 하나님으로부터만 온다는 사실을 깨닫게 하려는 분명한 목적에서 비롯된다. 예수님은 분명하게 "나를 떠나서는 너희가 **아무것도** 할 수 없음이라"(요 15:5)고 말씀하셨다.

그렇다면 이 좋은 의도를 가진 생각은 도대체 어디에서부터 온 것이란 말인가? 나는 그것이 바울이 고린도전서 10:13에서 했던 말에서부터 비롯되었다고 생각한다.

> 사람이 감당할 시험 밖에는 너희가 당한 것이 없나니 오직 하나님은 미쁘사 너희가 감당하지 못할 시험 당함을 허락하지 아니하시고 시험 당할 즈음에 또한 피할 길을 내사 너희로 능히 감당하게 하시느니라(고전 10:13).

이 본문을 자세히 살펴보면 주목할 만한 특정한 뉘앙스가 있다. 바울은 삶의 일반적인 상황과 시련들에 대해 말하고 있지 않다. 그는 여기서 구체적으로 **유혹**에 대해 말하고 있다.

배경은 이렇다. 바울은 고린도의 그리스도인들에게 유혹을 이겨내는 자신의 능력을 과신하고 자부하는 위험에 대해 경고하고 있다. 그리스도를 믿기 전에 고린도의 많은 사람은 우상을 숭배했다. 그들은 이교 사원에서 열리는 축제와 향연에 참여했다. 그들은 과도하게 먹고 마셨고 고린도 사회생활의 일부분이었던 방탕과 부도덕에 몸을 맡겼다.

그리스도인이 된 그들은 더 이상 우상을 숭배하지는 않지만, 여전히 그 도시의 사회생활에 참여하고 싶어하는 것이 분명했다. 그래서 스스로를 합리화하기 시작했다. 그들은 우상에 대한 올바른 관점을 갖고 있는 한, 우상은 사실상 아무 의미가 없다고 느꼈다. 유혹에 넘어가지 않는 한, 사회활동에 참여할 수 있는 절대적인 자유를 스스로에게 부여할 수 있었다. 그러나 이것은 불장난을 하는 것과 같았고, 바울은 그 점을 잘 알았다. 고린도전서 8-10장은 그들의 "그리스도 안에서의 자유"에 대한 바울의 대답이었다.

먼저 바울은 그들이 정말로 그리스도 안에서 자유를 누릴 수 있음에도 불구하고 그것에 대해서 매우 조심해야 하며, 그 자유를 다른 사람을 죄악에 빠뜨릴 수 있는 일종의 면허와 같은 것으로 사용해서는 안 된다고 엄중하게 경고했다. 유혹을 물리칠 만큼 충분히 강하지 않은 다른 그리스도인 앞에서 그 자유를 사용하는 것은 좋은 생각이 아니다. 그것은 극히 이기적이며 사랑이 없는 행동이다. 그러므로 바울은 그들이 "더 약한 형제들"을 위해 자신의 자유를 기꺼이 제한하기를 원했다.

그런 다음 바울은 타인을 위해 스스로의 자유를 제한하는 사례로서 자기 자신의 삶을 들었다. 바울은 종종 복음을 위해 자신의 권리와 자유를 포기하곤 했다. 예를 들어 바울은 사도로서 교회로부터 재정적 지원을 받을 권리가 얼마든지 있었다(고전 9:14). 그럼에도 불구하고 바울은 그 권리를 포기했고, 그가 오로지 돈을 위해 설교한다고 느낄 수도 있는 고린도 사람들의 비난을 피하기 위해 부업으로 텐트 제작 일을 했다.

따라서 바울은 자신의 사역이 오해와 비난을 받지 않도록 하기 위해(그 외에도 다른 이유가 더 있었다) 자신의 자유와 권리 행사를 제한했다. 그가 그렇게 했던 이유는 단 하나, 더 많은 사람을 그리스도께로 이끌기 위해서였다. 선교사였거나 단기 선교를 가본 사람이라면 고유한 문화적 제약이나 신념을 갖고 있는 청중에게 다가가 그들의 마음을 사기 위해 자신의 자유를 제한해야 하는 때가 있다는 것을 안다. 바울이 했던 일이 바로 그것이었다.

그러나 고린도 사람들은 바울과 같지 않았다. 그들은 다소 교만했으며 그다지 사려 깊지가 않았다. 그들은 자신들이 옛 습관으로 다시 돌아가려는 유혹을 물리칠 수 있을 만큼 충분히 "성숙"하다고 생각했기 때문에, 자신의 자유를 한껏 누리려고 했고 또한 위험천만한 짓을 했다.

바울은 이스라엘이 얼마나 지속적으로 유혹에 빠졌는가를 보여주는 구약의 사례를 언급한 후에, 고린도 사람들에게 유혹을 이겨낼 수 있는 스스로의 능력을 과신하지 말라고 주의를 주며 "넘어질까 조심"(고전 10:12)하라고 말한다.

그 후 바울은 방향을 바꿔 유혹 전반에 관해 말한다. 바울은 유혹에 대해 경고한 후 격려와 통찰을 나누어주기 시작한다. 여기가 우리의 관심 구절이 등장하는 지점이다. 바울은 모든 사람이 종종 견뎌내는 일반적인 유혹과 정상적인 인간의 경험에 대한 말로 시작한다. 달리 말해 우리 모두는 예외 없이 유혹에 직면한다는 것이다. 그 누구도 "글쎄, 나의 시험은 달라. 누구도 이런 유혹을 받아본 적이 없어"라고 말해서는 안 된다. 한 저자는 그것을 "상황은 달라도 기본적인 유혹은 다르지 않다"라고 정확하게 표현했다.[1]

유혹은 모두가 겪는 경험이다. 그리고 부연하자면, 유혹을 받는 것이 나쁜 것이 아니라 그것에 굴복하는 것이 나쁘다는 것을 제발 알아주기를 바란다. 그러나 바울은 좋은 소식을 전해준다. 하나님께서 항상 유혹을 피해 나갈 길을 주시기 때문에, 우리는 유혹에 굴복하지 않아도 된다는 것이다. 다시 한 번 바울은 말한다.

> 오직 하나님은 미쁘사 너희가 감당하지 못할 시험 당함을 허락하지 아니하시고 시험 당할 즈음에 또한 피할 길을 내사 너희로 능히 감당하게 하시느니라(고전 10:13).

여기에 하나님이 당신으로 하여금 감당치 못할 시험 당함을 허락하지 않을 것이라는 말이 나온다. 그것은 유혹과 관련된 말씀이다. 바울은 하나님이 당신의 상황을 다 보고 계시며, 동정하고 계시고, 당신이 빠져나올 수 있도록 손을 내밀고 계신 것으로 묘사한다(히 4:15도 보라).

그러므로 어느 누구도 유혹이 너무 커서 그것을 피해 갈 길이 없었기 때문에 죄를 지을 수밖에 없었다고 말해서는 안 된다.

하나님은 유혹과 관련해 사람의 한계를 알고 계신다. 그리고 하나님은 그 사람이 이겨낼 수 있는 능력을 넘어서는 어떤 유혹도 허락하지 않고, 우리가 능히 그 유혹을 이기는 데 필요한 영적 자원을 제공해주실 것이다. 더욱이 유혹을 받을 때 우리는 하나님이 정해주신, 유혹을 이길 길을 찾아보아야 한다. 유혹의 연기가 자욱하고 불길이 맹렬히 타오를 때, 우리는 자신을 신선한 공기가 있는 안전한 곳으로 인도해주는, 환하게 켜져 있는 출구 표시를 찾아보아야 한다.

히브리서 기자는 예수님이 이때 우리를 도와주신다는 점을 상기시켜준다.

> 그가 시험을 받아 고난을 당하셨은즉 시험 받는 자들을 능히 도우실 수 있느니라(히 2:18).

다른 말로 하면, 우리에게는 탈출할 문을 열어주시는 예수 그리스도라는 조력자와 보호자가 있다는 것이다. 광야에서 직접 시험을 체험하신 예수님의 사례에서 알 수 있듯이, 시험(유혹)을 이기는 가장 좋은 무기는 다름 아닌 하나님의 말씀이다. 혹은 바울이 표현한 것처럼 "성령의 검"(엡 6:17)이다. 사탄이 예수님을 쫓아가서 정면으로 공격해올 때마다 예수님은 성경 구절을 기억하고 말씀하셨으며, 그 무기를 이용해 대적의 공격과 날카로운 화살에 맞섰다.

성경 암송이 중요한 까닭은 바로 이런 이유 때문이다. "감당할 수 있는 능력"은 우리의 영혼이 얼마나 하나님의 말씀에 의해 형성되고 강화되어 있는지와 직결된다. 하나님의 말씀이 우리의 내면 깊숙한 곳에서 살아 있어야 한다. 시험과 유혹이 닥쳐올 때마다 하나님의 영이 바로 적절한 순간에 성경 말씀을 떠올리게 해주시는 것을 (나를 포함해서) 많은 그리스도인이 체험했다. 이 얼마나 놀라운 하나님의 선물인가! 그것은 우리로 하여금 견고하게 서 있도록 해주는 힘의 원천이다(기도와 함께 말이다, 막 14:38).

그렇다면 바울이 말하고 있는 것은 우리에게 좋은 소식이다. 하나님이 우리가 감당할 수 있는 것보다 더 맹렬한 공격을 받도록 용인하지 않으실 영역은 바로 이것, 유혹이다. 그러나 인생의 고난과 역경의 문제에 있어서는, 우리가 감당할 수 있는 것 이상의 시험을 받을 준비가 되어 있어야 하며, 우리 자신을 의지하지 않고 하나님을 의지하는 것을 배워야 한다. 큰 유혹의 순간이든, 큰 시련을 당할 때든, 언제나 눈을 들어 하나님을 의지하는 것이 해답이다. 하나님은 신실하시다.

11 장
아이에게 가르치라

"마땅히 행할 길을 아이에게 가르치라. 그리하면 늙어도 그것을 떠나지 아니하리라."

_잠언 22:6

부모가 되는 것이 쉽다고 말할 사람은 아무도 없다. 그런데 우리 부부에게 첫 번째 아기가 태어났을 때, 나는 "좋아, 까짓거 힘들면 얼마나 힘들겠어? 먹이고, 기저귀 갈아주고, 재워주면 되지. 그리고 조금만 자라면 훨씬 더 키우기가 수월해질 거야"라고 생각했던 기억이 난다. 그것은 좋게 말해서 아주 순진한 생각이었다. 내 상상의 세계 속으로 엄청난 현실의 파도가 밀려들어 오는 데는 많은 시간이 필요하지 않았다.

아주 활동적인 두 남자아이의 아버지로서 나는 부모가 되는 것이 내 인생의 가장 큰 축복이라고 기꺼이 말할 수 있다. 우리 아이들이 아내와 나에게 가져다준 기쁨은 너무나도 커서, 솔직히 아이들을 낳기 전 8년 동안 우리가 무엇을 했는지 잘 기억이 나지 않는다. 우리는 아이들이 없는 삶을 상상할 수 없고, 매일 우리가 얻는 교훈은 아이들이 진정으로 하나님의 선물이라는 사실을 일깨워준다.

그러나 다시 한 번 말하지만 이것이 쉽다는 의미는 아니다. 부모가 되는 것은 인내와 겸손과 희생을 요구한다. 또한 나는 부모가 되는 것은 특별히 종이 된다는 개념과 관련하여 우리의 성화를 위해 일하시는 하나님이 정하신 방법이라고 확신한다. 부모가 되고 처음 몇 개월 동안 나는 내가 실제로는 매우 이기적인 사람이라는 것과, 진정으로 남을 섬긴다는 것이 무슨 의미인지를 배웠다. 나의 계획과 스케줄은 그 순간의 절박한 필요(먹이고, 기저귀 갈아주고 등등)에 의해 늘 뒷전으로 밀려나야만 했다. 이것은 내게 아주 좋은 약이었다. 또한 그것은 사람에게 인생이란 자기 위주가 아니라는 사실을 일깨워주었다.

한편 부모가 되고 나서 처음 몇 년간은 우리로 하여금 성경적 원칙에 따라 어떻게 아이를 양육할 수 있는지에 대한 지혜로운 조언과 가르침을 구하게 만들었다. 우리 부부는 자녀를 양육하고 훈계함에 있어 어떻게 세워주고, 가르치고, 훈육해야 하는지에 대한 합의를 지속적인 대화를 통해 현재까지 해왔으며, 당연히 그래야만 했다.

우리는 일찍부터 그리스도인의 자녀양육에 대한 많은 책을 읽었고 그중 어떤 책은 다른 책보다 더 뛰어났다. 그러나 어떤 책도 아이를 양육하는데 있어 일차적인 지혜의 원천인 성경을 대체할 수는 없다. 성경은 신앙적인 면에서 자녀들에게 직접적으로 영향력을 미치는 부모의 책임에 대해 많은 말씀을 들려준다.

부모가 아이에게 영향력을 행사할 수 있는 중요한 방법이 모범을 보여주고, 아이 앞에서 온 마음을 다해 주님을 사랑하는 신실한 삶을 사는 것임은 분명히 맞다. 아이들은 자신이 보는 것을 따라하도록 되어 있기 때문이다. 그러나 부모가 자녀들에게 영향력을 미칠 수 있는 가장 좋은 길 하나는 자녀에게 의도적으로 성경을 가르치는 것이다. 혹은 하나님이 신명기에서 말씀하신 것처럼 "집에 앉았을 때에든지 길을 갈 때에든지 누워 있을 때에든지 일어날 때에든지"(신 6:7) 영적 진리에 대해 말해줌으로써 하나님의 계명을 아이의 마음에 심어주는 것이다.

성경은 아이를 양육함에 있어 무엇을 해야 하고 무엇을 하지 말아야 하는지에 대해 아주 실제적이고 유익한 조언으로 가득 차 있다. 성경은 징계를 하지 않는 것의 위험에 대해 경고를 한다. 그러나 지나치게 엄격함으로써 아이들이 원망을 품거나 절망에 빠지게 해서는 안 된다고 주의도 준다.

사실상 완벽한 부모란 존재하지 않는다. 우리 모두는 죄인이기에 실수를 한다. 그러나 중요한 것은 가정 안에서 건강한 대화, 성경적 원칙, 영적 양육이 매일 삶의 주된 요소가 되는 은혜의 문화를 창조하는 것이다.

마치 절대적인 약속인양 종종 오해되곤 하는 성경적 원칙 하나가 잠언 22:6에서 발견된다. 이것은 한창 크는 자녀들이 반항을 하거나 힘겨운 시기를 지날 때마다 그것을 지켜보는 부모들이 종종 매달리는, 잘 알려진 구절이다.

> 마땅히 행할 길을 아이에게 가르치라. 그리하면 늙어도 그것을 떠나지 아니하리라(잠 22:6).

목회자로서 나는, 부모들이 잘못된 길로 가고 있는 자녀를 위해 이 구절의 의미와 씨름하며 간절한 표정으로 나를 찾아왔던 수많은 시간을 떠올린다. 당신의 딸이나 아들이 하나님을 경외하는 가정에서 자라며 배우고 본받는 삶의 방식을 저버리는 것을 지켜보는 것은 가슴이 찢어지는 경험이다. 이런 일이 왜 일어나는지를 아는 사람은 아무도 없다. 그러나 어찌 됐든 그들은 자기 스스로 믿는 것을 이해해야 하며, 그 과정의 일부분은 불행하게도 잘못된 결정과 고통스러운 결과로 점철된 어려운 시기를 포함할 수 있다.

1990년대 초반에 나는 오하이오 주에 위치한 비기독교 계통의 대학에서 사역할 기회가 있었다. 그리스도인 가정에서 자라난, 갓 입학한 신입생들을 지켜보는 것은 흥미로웠다. 어떤 학생들은 가정에서 양육받은 대로 신실하게 믿음을 지켰는가 하면, 또 다른 학생들은 그렇지 못했다. 학생들은 믿음을 지키든 아니든 간에 각자 다음과 같은 자연스러운 질문을 던져야만 했다. "내가 양육받았던 이 믿음은 정말로 내 것인가? 나는 이 진리를 정말로 나 자신의 것으로 소유하고 믿는가? 아니면 나는 단지 믿음의 체계를 갖고 있는 환경의 산물에 불과하며, 사실은 그 믿음을 받아들인 적이 전혀 없는 것은 아닌가?"

그리스도에 대한 믿음을 받아들였던 학생들은 인생의 형성기인 대학 시절 동안 영적으로 매우 빠르게 성장해가는 것처럼 보였다. 그러나 그리스도인의 유산을 거부했던 학생들은 금방 "대학 생활"에 굴복하고 잘못된 방향으로 나아감으로써 그들의 마음이 실제로 어떤 상태인지를 드러냈다. 그런 일이 일어날 때, 많은 그리스도인 부모는 자신이 아무것도 할 수 없다는 무력감에 사로잡혀 낙심하고 만다.

나는 성경의 탕자 이야기에서 자기 아들이 집을 나가는 모습을 지켜보는 아버지의 심정이 어떠했을지 상상만 할 수 있을 뿐이다. 틀림없이 심장을 도려내는 것 같았을 것이다. 오늘날 반항하는 자녀를 지켜보는 많은 부모도 똑같은 심정일 것이다. 그러나 그 자녀가 성경에 나오는 탕자처럼 돌아오면 크게 기뻐한다.

이 모든 것은 우리로 잠언 22:6을 살펴보게 한다. 언뜻 보기에 이 구절은 제대로 양육받은 자녀는 반항을 한다 해도 결국은 바른 길로 돌아오게 되어 있으며, 그것은 단지 시간문제일 뿐이라고 말하는 것처럼 보인다. 그러나 이런 이해는 이 잠언의 성격을 놓치고 있다.

다른 사람들은 이 구절을 다르게 해석해서, "마땅히 행할 길"을 자녀에게 가르치는 것이 단지 자녀를 그들의 자연적인 성향과 경향("고집불통이거나" 혹은 "정서가 불안정한" 등)에 따라서 가르치는 것을 의미한다고 말한다. 이런 식으로 이해할 때, 이 구절은 우리가 자녀들을 그들의 성향이 시키는 바에 따라 가르쳐야 한다고 말하는 것이 된다. 그러나 이런 식의 이해는 잠언의 전반적인 주제와는 맞지 않는다.

잠언은 "옳은 길"과 "그릇된 길"이 있는데, 하나는 지혜로운 자의 길이며 다른 하나는 어리석은 자의 길이라는 점을 분명히 한다. "옳은 길"은 자녀로 하여금 그 길을 걸어가도록 가르치기 위해서 부모가 애써 노력하고, 가르치고, 훈육할 것을 요구한다. 애써 노력해야 하는 이유는 아이의 자연적인 성향이 우리 모두가 갖고 태어나는 원죄로 인해 육신을 따르기 때문이다. 한 주석가가 지적했던 것처럼 "자연적인 성향이 왜 훈육을 필요로 하는지 그 이유를 설명하기는 어렵다."[1]

이것을 고려해보면, 잠언이 우리에게 아이의 자연적인 성향에 따라 훈육하라고 조언했던 것이 아닐 가능성이 크다. 물론 부모가 자기 자녀의 고유한 특성을 잘 알고 있어야 하며 그에 따라 접근 방법을 달리해야 하는 것은 맞다. 그렇지만 이 구절이 목표로 하는 것은 그것이 아니다.

그렇다면 이 구절이 말하는 것은 무엇인가? "옳은 길"로 자녀를 양육하면 그 아이가 잠시 방황을 한다 해도 언젠가는 반드시 돌아온다는 것을 절대적으로 보장한다는 뜻인가? 꼭 그렇지만은 않다. 이것이 보장이 아닌 이유를 이해하기 위해서는 잠언이라는 책의 성격을 이해해야 한다. **잠언에 나오는 말씀들 대부분은 원칙이지 약속이 아니다**. 잠언은 대부분 관찰과 경험에 기초한 일반적인 통찰과 이치다. 그 안에 기록된 일이 백 퍼센트 일어나게 될 것이라고 보장한다는 의미로 기록된 것이 아니다.

이 잠언의 목적은 우리 자녀를 “마땅히 행할 적절한 길”인 “지혜의 길” 안에서 훈련시키기 위해 우리 자신을 깨우치는 것이다. 이것은 다름 아닌 “하나님의” 길이자 의의 길이다. 그러므로 잠언은, 역사적으로 관찰한 바에 의하면, 이런 종류의 훈련이 지속적으로 이루어질 때 대개는 긍정적인 결과를 가져오며, 특히 자녀가 나이 들어 어른이 될 때 더욱 그렇다고 말하는 것이다.

지금 우리가 어떤 사람인가는 성장기에 우리가 어떻게 양육되었고 어떤 가르침을 받았는가와 밀접한 관계가 있다고 생각하며, 당신도 나와 같은 생각일 것이라고 확신한다. 아이들은 쉽게 영향을 받는 법이다. 간단한 사례를 들어보자.

나와 아내는 고전적인 만화영화인 “톰과 제리”를 우리 아이들에게 보여주면 재미있어 할 것이라고 생각했던 때가 있었다. 그 만화에서 고양이와 쥐의 싸움은 종종 배꼽을 잡도록 웃기는 난장판으로 끝나곤 한다. 그 만화의 창의력은 놀랍고, 정신없이 날뛰는 두 주인공은 사력을 다해 서로를 공격한다. 우리는 다 함께 웃었고, 아이들이 깔깔거리고 웃으면서 집 안 분위기는 화기애애했다.

그런데 만화영화가 끝났을 때 놀라운 일이 일어났다. 우리 아들들이 그 만화영화로부터 받은 창의력과 에너지로 인해, 결국 서로 울고불고하는 온갖 일화가 발생했던 것이다. 우리 아이들이 연기와 현실 사이를 구분할 수 없기 때문에 “톰과 제리”를 볼 준비가 되어 있지 않다는 사실을 깨닫는 데는 그리 오랜 시간이 걸리지 않았다. 헐리우드에서 뭐라 말하든 상관없이, 영화는 분명히 우리에게 영향을 미친다. 그것은 단순히 우리 문화에서 이미 일어나고 있는 것을 반영하는 것에 그치지 않는다.

잠언 저자는 자녀 양육의 오랜 일반원칙을 기술하고 있으며, 그 원칙은 과거와 현재에 걸쳐 여전히 진리로 남아 있다. 사람의 마음과 정신은 어린 시절에 형성된다. 그리고 아이들은 자신이 보는 것을 모방한다. 그래서 경건한 부모가 자녀를 건전하게 교화하고 훈육하는 가정문화를 만들어갈 때, 자녀들은 성인이 되어서도 십중팔구는 건전한 사고방식을 갖고 행동하게 될 것이다. 다시 말하지만 이것은 절대적인 약속은 아니다. 다만 이것은 오래 세월에 걸친 관찰과 경험에서 나온 일반적인 원칙이다.

구약 신학자인 트렘퍼 롱맨 III(Tremper Longman III)는 잠언 22:6을 이해하는 데 있어서 주의해야 할 것을 언급하면서 다음과 같이 멋지게 마무리한다.

> 이 잠언의 요점은 부모로 하여금 자녀들을 가르치도록 격려하지만, 그렇다고 해서 자녀들이 절대로 잘못된 길로 가지 않을 것이라고 보장하지는 않는다는 것이다. 자녀들이 자라서 제대로 된 어른이 되지 못했을 때, 부모가 이 잠언의 형태에 대해 이런 통찰을 갖는 것은 특히 중요하다. 그렇지 않으면 이 구절은 부모로 하여금 큰 죄책감에 시달리게 할 것인데 그것은 이 잠언이 의도한 목적이 아니다. 반면에 이 잠언은 자녀가 잘 자라

훌륭한 어른이 되었다고 해서 우쭐할 이유가 없다는 것을 보여준다. 이것은 단지 자녀를 양육할 때 옳은 일을 하라는 격려에 지나지 않는다.[2]

만약 당신이 부모라면 소망을 잃지 않기를 바란다. 자녀에게 지속적으로 신앙의 본을 보여주라. 자녀가 성인이 되어 독립했기에 당신이 미치는 영향력이 아주 적다고 해도, 믿음의 길로 계속 걸어가라. 그리고 만약 당신이 과거 어느 지점에서 실패했다면, 그것을 (자녀에게도) 인정하고 변화하겠다고 결단하라. 자녀들은 나이에 상관없이 부모의 마음을 들여다본다.

12 장

내가 모든 것을 할 수 있느니라

"내게 능력 주시는 자(그리스도) 안에서 내가 모든 것을 할 수 있느니라."

_빌립보서 4:13

두 소년이 농구시합을 하고 있다고 상상해보자. 그 아이들은 서로를 알지 못하지만 무언가 공통점이 있다. 그들 모두 건강한 기독교 가정에서 하나님을 사랑하고 섬기도록 배웠다. 또한 성경에 대해 조금씩은 알고 있다. 사실 그들은 똑같은 성경 구절을 좋아한다. 그 구절은 두 소년이 처음으로 암기했던 빌립보서 4:13이다.

내게 능력 주시는 자(그리스도) 안에서 내가 모든 것을 할 수 있느니라.

농구 시합은 치열했다. 소년들은 경기 내내 최선을 다해 달리고, 점프하고, 공을 던지고, 리바운드 공을 잡는다. 두 소년에게 "내게 능력 주시는 그리스도 안에서 내가 모든 것을 할 수 있다"라는 생각이

시합 내내 에너지의 원천이 되었다. 그러나 시합이 끝나면, 한 아이와 그 아이가 속한 팀만이 승자가 된다. 그리고 그들은 집으로 돌아오는 길에 각자 차창 밖을 내다보면서 전혀 다른 생각을 하게 될 것이다.

한 소년은 "정말이지, 하나님은 놀라운 분이야. 하나님은 정말로 내게 힘을 주셨어. 우리가 이겼잖아. 정말 멋진 시합이었어!"라고 혼자 읊조릴 것이다. 반면에 다른 소년은 정반대의 생각을 할 것이다. "오늘 내가 하나님을 필요로 할 때 하나님은 도대체 어디에 계셨던 거야? 어쩌면 하나님은 내가 생각했던 것만큼 능력 있는 분이 아닐지도 몰라. 정말 웃기는 일이야."

대체 이것을 어떻게 받아들여야 할까? 누가 맞는 것인가? 우리는 빌립보서 4:13의 약속을 어떤 식으로 적용해야 할까?

이번에는 내가 차 트렁크 안에 있는 무거운 연화(water softener) 소금 자루를 집으로 옮긴다고 치자. 이때 "내게 능력 주시는 그리스도 안에서 내가 모든 것을 할 수 있다"라고 생각해도 되는 것인가? 내가 그것을 떨어뜨리면 나는 약한 사람이 되는 건가? 아니면 하나님이 내게 충분한 힘을 주지 않으셨기 때문에 하나님이 잘못한 것이 되는가? 바울이 여기서 의미하는 것은 확실히 그런 것이 아니다.

이번에도 마찬가지로 우리가 성경 구절을 문맥에서 분리해 자신의 구미에 맞는 방식으로 이용하려고 할 때, 우리는 너무나 쉽게 패망의 길로 들어설 수 있다. 사실 우리는 하나님께 환멸을 느낄 수도 있고, 하나님이 우리 기대에 어긋날 경우 우리 믿음은 산산조각이 날 수 있다. “하나님이 이것을 해주실 것이라고 말씀하셨는데, 그렇지 않잖아!” 그러면 우리는 어느새 성경의 진실성을 의심하기 시작하며, 궁극적으로 약속을 이행하는 하나님의 능력을 의심하게 된다.

결국 문제는 이것이다. 바울이 빌립보서 4:13에서 우리에게 진짜로 말하는 것은 무엇인가? 이 진리가 우리 삶에 어떻게 적용되어야 하는가? 이 구절은 신체적인 힘에 대해서 말하고 있는 것인가? 아니면 영적인 힘, 아니면 감정적인 힘, 아니면 그 모두에 대해 말하고 있는가?

나아가 이 구절에 나오는 이 “모든 것”은 어떤 의미인가? 은행 강도가 돈 자루를 움켜쥐는 순간, “내게 능력 주시는 그리스도 안에서 내가 모든 것을 할 수 있느니라”라고 생각하는 것이 옳은가? 물론 그것은 말도 안 된다. 그러나 이것은 사람들이 어떻게 성경을 다루는가를 반영해준다. 따라서 먼저 “모든 것”을 할 수 있다는 생각을 분명하게 한정할 필요가 있다. 이제부터 이 점에 대해 좀 더 깊이 살펴보자. 왜냐하면 나는 우리 모두가 바울이 여기서 전하는 진짜 메시지를 반드시 이해해야 한다고 믿기 때문이다.

빌립보서는 사도 바울이 로마에서 가택연금 상태에 있을 때 기록한 책이다. 불확실한 미래를 앞두고서 바울은 교회를 박해하는 것으로 유명했던 로마인들에게 처형을 당할지 어떻게 될지를 확실히 알지 못했다. 그럼에도 불구하고 그는 그리스 마케도니아 지역에서 가장 먼저 세운 교회에 편지를 보내야 한다는 중압감을 느꼈다. 그 교회는 마케도니아의 빌립보, 기원후 13세기 중반까지 존재하던 도시에 있었다.

신약성경에 따르면, 빌립보에서 가장 먼저 그리스도를 영접한 사람은 루디아라는 이름의 여인이었다(행 16:14-15). 거기서 최초의 성공을 거두고 난 후 얼마 지나지 않아 바울과 그의 동역자인 실라는 점을 쳐 자기 주인에게 이익을 안겨주던 여종에게서 귀신을 쫓아냄으로, 그 지역 사회를 "소란하게" 한다는 죄목으로 빌립보 감옥에 갇히게 되었다. 하지만 그들은 투옥된 상태에서도 간수에게 예수 그리스도를 전하는 데 성공했다.

빌립보 교회는 바울의 영향력 아래 점차적으로 성장했으며 비교적 건강한 교회로 자리매김했다. 빌립보 교회는 바울이 선교 현장에 나가 있는 동안 재정적인 지원을 감당했으며, 바울이 이 편지를 쓴 이유 중 하나도 그들의 지원에 감사하기 위함이었다.

그러나 바울이 빌립보 교회에 서신을 보낸 이유는 무엇보다 근황 보고와 격려 및 권고를 하기 위함이었다. 바울은 빌립보 성도들이 영적으로 성장하며 세상 것에 전혀 집착하지 않고 신실하게 하나님을 섬기기를 갈망한다. 또한 바울은 그들이 서로 연합하고, 그리스도 안에서 발견하는 기쁨을 경험하게 되기를 원한다. 사실 "기쁨"이나 "기뻐하다"라는 단어는 4장으로 구성된 이 책에서 자그마치 16회나 사용된다.

빌립보 교인들이 씨름하고 있던 점은 이것이었다. 그들은 주님을 사랑했지만, 그리스도인으로서 살아가는 자신의 능력을 과신하고 있었다. 그 결과 그들은 걱정하고, 불안해하고, 서로에게 화를 내고 있었다.

오늘날 우리도 마찬가지다. 우리도 걱정에 사로잡히기 쉽다. "어디서 돈을 구하지? 이걸 언제 다 하지? 이 일을 어떻게 해결하지?" 이런 유형의 염려와 걱정은 우리에게서 쉽게 믿음을 빼앗아갈 수 있고, 우리로 하여금 하나님을 섬기지 못하게 할 수 있다(막 4:19에 나오는 예수님의 가르침을 보라). 진실은 이렇다. 우리가 온통 세상적인 것에 마음을 빼앗기고 상황에 휘둘릴 때, 우리의 영적 성장은 방해를 받고 하나님 나라에서 쓰임 받지 못하게 된다.

당신은 자신의 필요에 대해 걱정하는가? 또 하나님이 어떻게 필요를 채워주실까 걱정하는가? 특히 길이 보이지 않을 때 말이다. 장담컨대 당신만 그런 것이 아니다. 우리 모두는 종종 그러한 두려움에 직면한다. 잠시 우리 자신을 빌립보 교회의 교인이라고 생각하고, 바울의 말을 우리에게 적용해보자.

바울은 교회가 믿음에 굳게 서는 것을 보고 싶어했다. 그는 갈등관계 속에서 신속히 화해를 도모하고, 항상 주 안에서 기뻐하고, 단호히 걱정을 물리치고, 모든 일에 대해 기도하고, 훌륭하고 고귀한 것에 마음을 두라고 교인들에게 권면했다. 편지 말미에 가면, 바울의 목적은 빌립보 교인들이 그들의 필요에 대해 걱정하지 말라고 격려하려는 데 있었다.

> 하나님이 그리스도 예수 안에서 영광 가운데 그 풍성한 대로 너희 모든 쓸 것을 채우시리라(빌 4:19).

하나님은 거기서도 함께 **계셨다**. 하나님은 빌립보 교인들을 그냥 버려두지 않으시고 그들의 처지와 필요를 아셨다. 그리고 복음서에 나오는 예수님과 베드로의 이야기를 통해 잘 알 수 있듯이, 그리스도께 시선을 고정하지 않고 바람과 파도를 두려워하며 시간을 보낸다면, 반드시 흔들리는 믿음과 함께 이내 물에 빠지고 말 것이다(마 14:22-31을 보라).

단언컨대 믿음으로 사는 것이 항상 쉬운 것은 아니다. 그러나 그것이야말로 하나님이 우리에게 요구하시는 것이다. 하나님은 결코 우리에게 쉬운 삶을 약속하지 않으셨다. 더욱이 하나님은 우리가 너무 편안하게 살기를 원치 않으신다. 앞으로 다가올 삶에서 기대할 것이 훨씬 더 많다. 핵심은 이것이다. 하나님이 우리 필요를 채워주시겠다고 약속하셨다는(마 6:25-34를 보라) 것을 알기 때문에 우리는 하나님을 신뢰해야만 한다. 그렇게 하지 않는 것은 하나님의 영광을 가리는 일이다. 왜냐하면 하나님의 뜻은 우리가 근심에 사로잡혀 요동치는 것이 아니기 때문이다.

바울은 빌립보 교인들에게 하나님이 항상 자기 백성의 필요를 채워주신다는 사실을 상기시키며 그들이 바울에게 준 선물을 예로 든다. 그러면서 우리가 종종 간과하는 진주와 같은 지혜, 작은 비밀을 그들에게 알려준다. 그것은 하나님이 주신 자족이라고 하는 선물이다. 어떠한 상황에서도 자족하는 법을 배우는 것 말이다.

> 내가 주 안에서 크게 기뻐함은 너희가 나를 생각하던 것이 이제 다시 싹이 남이니 너희가 또한 이를 위하여 생각은 하였으나 기회가 없었느니라. 내가 궁핍함으로 말하는 것이 아니니라. 어떠한 형편에든지 나는 자족하기를 배웠노니 나는 비천에 처할 줄도 알고 풍부에 처할 줄도 알아 모든 일 곧 배부름과 배고픔과 풍부와 궁핍에도 처할 줄 아는 일체의 비결을 배웠노라(빌 4:10-12).

그렇다. 바울은 그들에게서 선물을 받고 깊이 감사했다. 그러나 바울은 그 순간을 가르침을 위한 절호의 기회로 삼아, 모든 그리스도인의 규범이 되어야만 하는 구속력 있는 원칙 하나를 가르쳐준다. 즉 배가 부르든 굶주리든, 부유하든 가난하든, **지금 삶의 처지가 어떠하든 간에, 자족하기를 배우라**는 것이다. 그래서 인간적인 역경 한가운데서도 자족할 수 있는 능력은 "내게 능력 주시는 자 안에서 내가 모든 것을 할 수 있다"는, 이 한 가지 가슴 저미는 진리에 기인한다.

이것이야말로 이 구절의 진짜 문맥이다. 바울은 지금 자족에 대해 말하고 있는 것이다. 이것은 마치 바울이 "하나님은 내게 자족할 수 있는 영적인 힘을 주시는 분이기 때문에 나는 어떤 상황에서도 자족하기를 배웠다"라고 말하는 것처럼 보인다. 하나님은 바울에게 염려하지 않을 수 있는 능력을 주셨다.

나도 그럴 수 있을까? 만약 우리가 하나님이 주시는 영적인 힘을 받아, 우리의 필요에 대해 걱정하지 않고 지속적이고 진정한 만족감을 얻을 수 있다면, 우리의 삶은 얼마나 달라지겠는가! 확실히 우리는 덜 염려하고 대신 더 많이 기뻐할 것이다. 아마도 더 깊은 평안이 우리의 삶을 지켜줄 것이다. 우리는 짜증을 덜 내고, 더 긍정적이 되며, 영적인 문제에 집중하게 될 것이다. 나는 우리가 기도하고 예배를 드리는 시간마저도 훨씬 더 기쁘고 즐거워질 것이라고 장담한다.

우리의 필요를 채워주시는 그리스도를 신뢰하고, "모든 것"에 대해 그분의 힘 안에서 쉼을 얻을 수 있다는 것을 아는 삶의 경지까지 도달한다면 얼마나 기쁘겠는가! 그런 영적인 힘을 갖는 것은 놀라운 일일 것이다. 기념비적인 일일 것이다. 그리고 바울이 말하는 바에 따르면, 그것은 백 퍼센트 가능하다.

따라서 빌립보서 4:13은 교회에서 독창을 할 수 있는 힘을 얻는 것에 대한 것이 아니다. 이것은 스포츠 경기에서 최고의 능력으로 경기할 수 있는 힘을 가진 사람에 대한 것이 아니며, 소금 자루를 들어 올릴 수 있는 힘에 대한 것도 아니다. 은행을 털 용기와 힘을 갖는 것에 대해 말하는 것은 더더욱 아니다.

이 구절은 우리가 경제적으로 궁핍해지는 순간에 직면할 때 자족하는 힘을 얻는 것에 대해 말한다. 이것은 공급해주시는 하나님을 믿는 것에 대한 말씀이다. 하나님은 삶의 모든 상황을 주관하는 주권을 갖고 계시고, 우리의 필요를 헤아리고 계시며, 그리스도 안에서 그 필요를 채워주시겠다고 약속하신 분이다.

사도 바울조차도 이것을 배워야 했다는 사실을 꼭 이해하기를 바란다. 예를 들어 바울은 고린도 교회에게 자신을 몹시 약하게 만든 삶의 "가시"를 제거해달라고 하나님께 간구했던 것에 대해 말한다. 정확히 알 수는 없지만 아마도 그것은 일종의 신체적 질환이었을 것이다. 어쨌든 무엇인가가 바울에게 고통을 주었으며, 바울은 거기서 벗어나기를 바랐다. 그러나 하나님은 그의 상황을 바꿔주지 않기로 하셨다. 그 대신 바울에게 약함에 대처할 수 있는 힘을 주셨다.

> [주께서] 나에게 이르시기를 내 은혜가 네게 족하도다. 이는 내 능력이 약한 데서 온전하여짐이라 하신지라. 그러므로 도리어 크게 기뻐함으로 나의 여러 약한 것들에 대하여 자랑하리니 이는 그리스도의 능력이 내게 머물게 하려 함이라. 이러므로 내가 그리스도를 위하여 약한 것들과 능욕과 궁핍과 박해와 곤고를 기뻐하노니 이는 내가 약한 그때에 강함이라 (고후 12:9-10).

이것은 바울이 빌립보 교인들에게 가르쳐주려고 했던 진리를 완벽하게 보여준다. 즉 하나님은 삶이 이상적이지 않을 때도 거기 만족할 수 있는 힘과 능력을 주시며, 또한 그것을 견뎌내고 극복하는 데 필요한 은혜를 우리에게 주신다. 더욱이 약함에는 하나님의 능력이 드러날 수 있는 기회를 제공해주는 측면이 있고 종국에 이것은 하나님께 영광이 된다. 어쨌든 (하나님을 드러내고 그분께 영광을 올려드리는) 이것이 바울의 궁극적인 목적이었기 때문에, 그는 자신에게 자족할 수 있는 영적인 힘을 주신 하나님의 은혜를 즐거워했다.

"월급이 오르면 좀 더 안정되게 살 수 있을 텐데" 혹은 "결혼만 하면 진짜 더 바랄 것이 없을 텐데" 같은 생각에 솔깃할 수 있다. 그러나 이런 것들은 그리스도를 믿는 사람의 시각을 흐리게 하는 연막이다. 바울은 집이 없었다. 자동차도 없었다. 큰 옷장이나 신발로 꽉 찬 벽장도 없었다. 벽에 걸어놓을 만한 학위도, 가슴에 달 훈장도 없었다. 함께 교제할 친구도 없었으며, 슬플 때 위로해줄 아내도 없었다.

바울은 대체로 아주 소박한 행색으로 여행했다. 그는 옷가지 몇 개와, 어쩌면 필기도구와 성경 두루마리와 종이(혹은 파피루스)를 갖고 다녔을 것이다. 그 이상은 없었다. 그런데도 바울은 자족했다. 이것이 우리에게 얼마나 많은 것을 가르쳐주는가?

그렇다. 빌립보서 4:13은 그 구절을 올바로 이해하고 적용한다면 아주 능력 있는 구절이 된다. 당신에게 능력을 주시는 분이 그리스도이기 때문에 당신은 자족할 수 있으며, 어떤 것도 견뎌낼 수 있는 힘을 발견할 수 있다는 사실을 기억하라. 우리가 그분을 의지하는 것으로 만족하면 그분은 진실로 영광을 받으신다. 그때 그분의 힘이 드러나기 때문이다.

13장
눈에는 눈

"그러나 다른 해가 있으면 갚되 생명은 생명으로, 눈은 눈으로, 이는 이로, 손은 손으로, 발은 발로, 덴 것은 덴 것으로, 상하게 한 것은 상함으로, 때린 것은 때림으로 갚을지니라."
_출애굽기 21:23-25

내가 제일 좋아하는 영화는 1987년에 상영된 희극 영화인 "프린세스 브라이드"(The Princess Bride)다. 나는 이 작품이 역사상 가장 위대한 희극 중 하나라고 생각한다. 등장인물, 재치와 날카로움이 가득한 익살, 재미있는 줄거리는 이 영화를 걸작으로 만들어주는 요소며, 열광적인 팬들을 만들어냈다. 헌신적인 팬들은 대중 사이에서 서로를 알아보는 방법이 있었는데, 대개는 영화의 대사 하나를 인용함으로써 시작된다. 귀가 쫑긋해지고 입가에 미소가 피어나면서 영혼의 교감이 이루어지는 것이다.

영화의 줄거리는 사랑하는 아버지의 죽음을 복수하려는 스페인계 칼잡이인 이니고 몬토야(Inigo Montoya) 역할을 하는 맨디 패틴킨(Mandy Patinkin)이라는 배우를 중심으로 펼쳐진다. 그의 아버지는 칼을 만드는 사람이었다. 그는 이니고가 아직 어린 소년이었을 때, 사업상 거래가 잘못 되면서 오른쪽 손가락이 여섯 개인 남자에 의해 처참하게 살해된다.

소년이 자기 아버지를 살해한 자와 싸우려고 아버지의 칼을 집어 들고 일어서자, 살인범은 소년을 조롱하며 함부로 까불면 죽음을 면치 못하게 된다는 경고의 표시로 그의 얼굴에 상처를 남겼다. 이니고는 여러 면에서 평생 씻지 못할 상처를 입었다. 그는 어른이 되면 복수를 할 것이라고 다짐한다. 그리고 언젠가는 그 살인자를 심판하기 위해 펜싱에다 일생을 바치기로 맹세한다.

이니고는 평생토록 "육손이"(손가락이 여섯 개인 사람)를 찾아 헤맨다. 육손이를 찾으면 그가 또렷하게 암기하고 있는, 이제는 유명해진 말을 먼저 해주리라 결심한다. 그것은 "어이, 내 이름은 이니고 몬토야야. 당신이 내 아버지를 죽였어. 죽을 준비해"였다.

우리는 이니고가 이 대사를 수없이 반복하는 것을 듣는다. 특히 이니고가 성공적으로 살인자를 찾아낸 후 이어지는 결투 장면에서 말이다. 싸움이 치열해지자 이니고는 오랫동안 정성스럽게 준비했던 말을 한껏 용기를 내서 외치는데, 복수에 대한 그의 갈증이 다 사라질 때까지 반복한다. 싸움이 끝나고 "육손이"는 죽는다.

영화의 마지막 장면에서 이니고는 한편으로 안도하면서도 다른 한편으로는 혼란스러워하는 것처럼 보인다. 그는 친구인 웨스틀리(Westley)에게 "정말 이상한 일이야. 그렇게 오랫동안 복수만을 생각해왔는데 막상 복수를 하고 나니까, 이제부터 뭘 하면서 내 남은 삶을 살아야 할지 모르겠어"라고 말한다.

정말 큰 문제가 아닐 수 없다. 그렇지 않은가? 물론 나는 이것이 오락용 영화에 불과하다는 것을 잘 알고 있다. 그렇지만 유감스럽게도 이는 현실과 완전히 동떨어진 이야기가 아니다. 오늘날도 자신이 부당한 일을 겪었다고 느끼며 앙갚음을 하려는 사람들이 있다.

하나님께서 "원수 갚는 것이 내게 있으니 내가 갚으리라"(신 32:35; 롬 12:19; 히 10:30)라고 분명히 말씀하심에도 불구하고, 개인적인 원한이 있거나 정의가 구현될 때까지 기다리지 못하는 사람들은 그 말씀을 무시하거나 간과한다. 그들은 직접 복수하려는 유혹을 느낀다. 하나님이 악을 억제하고 범죄가 발생할 경우 공의로운 심판을 집행하기 위해 이 땅에 정부를 수립했음에도 불구하고(롬 13장), 많은 사람이 정당한 절차를 통해 일을 해결하려고 하지 않는다. 이들은 결국 심각한 복수극을 벌이게 되며, 때로는 신문의 한 면을 장식하기도 한다.

그러나 신문에 날 만큼 큰 사건이 아니라 할지라도, 상처를 받았거나 억울한 일을 당했다고 느끼면, 예수님이 가르치신 대로 용서하거나 "다른 뺨을 주기로" 결정하는 대신, 어떻게든 보복하고 싶은 유혹을 종종 느낀다. 그리고 이런 보복을 정당화하기 위해 출애굽기 21:24, 레위기 24:20, 신명기 19:21 등을 인용하곤 한다. 이 구절들에는 모두 "눈에는 눈으로, 이에는 이로"라는 표현이 나온다. 그렇지만 이것은 흔히 문맥에서 분리되어 인용되는 구절이며, 예수님 시대에도 오해되고 잘못 사용되었다.

많은 사람이 이 말씀이 자신에게 해를 입혔던 사람에게 그와 동일한 해를 입힐 수 있게 하는 면허와 같은 역할을 한다고 느낀다. 예를 들어 당신이 내 팔을 때리면, 나는 당신의 팔을 때릴 것이다. 혹은 당신이 내 차를 찌그러뜨리면, 나는 당신 차의 앞 유리창을 깨뜨린다는 식이다. 먼저 발생한 피해는 사고 때문임에도 불구하고, 어떤 사람은 보복하는 것이 매우 당연하다고 생각하며 이 구절에 의존하기도 한다.

그러나 하나님이 "눈에는 눈"이라는 명령을 하셨을 때 의도하신 것을 이해하려면 원래 문맥으로 돌아갈 필요가 있다. 우리는 먼저 이 표현이 처음 등장하는 출애굽기 21장을 살펴볼 것이다. 그곳에는 애굽왕 바로의 압제에서 풀려나 자유를 얻은 이스라엘을 다스릴 수단으로 하나님이 모세에게 주신 율법이 나온다.

하나님은 율법을 통해 다양한 범죄를 규명하고 특정한 처벌을 명령하신다. 그러나 하나님은 인간의 죄성을 잘 아시기 때문에, 공의를 실현할 때 일어날 수 있는 과도한 형벌로부터 사람들을 보호해주고자 하셨다. 요샛말로 한다면, 형벌이 범죄에 상응해야 한다는 것이다.

예를 들어 제한 속도보다 시속 20킬로미터를 초과했다고 해서 20년 동안 감옥에 가둔다면 이는 정의를 남용하는 것이다. 법이 이런 식으로 집행된다면 우리 모두 감옥에 있을 것이다. 그리고 그 형벌은 범죄의 크기와 일치하지 않는다. 그러므로 정의가 이런 식으로 남용되는 것을 예방하기 위해 하나님은 형벌이 상해의 정도를 절대로 초과해서는 안 된다는 것을 명확하게 밝히는 가운데 "눈에는 눈"이라는 명령을 하신 것이다.

이 구절에는 다른 흥미로운 점이 있기 때문에 좀 더 넓은 문맥을 살펴보는 것이 좋겠다. 이 구절은 출애굽기 21:22-25에서 폭행을 다루는 율법을 열거한 문단 안에 있다.

> 사람이 서로 싸우다가 임신한 여인을 쳐서 낙태하게 하였으나 다른 해가 없으면 그 남편의 청구대로 반드시 벌금을 내되 재판장의 판결을 따라 낼 것이니라. 그러나 다른 해가 있으면 갚되 생명은 생명으로, 눈은 눈으로, 이는 이로, 손은 손으로, 발은 발로, 덴 것은 덴 것으로, 상하게 한 것은 상함으로, 때린 것은 때림으로 갚을지니라.

두 사람이 싸우다가 임신한 여인이나 그 아기가 다치게 될 경우에 어떠한 형벌을 내릴 것인지를 구체적으로 기술하고 있는 이 시나리오는 분명 흥미롭다. 이것은 16세기부터 라틴어로 *lex talionis*(동형복수법 혹은 동형보복법-역주) 원칙이라고 불리는데, 본질적으로 보복에 관한 법을 규정하고 있다.

상황에 따라 다르긴 하지만 모세가 받은 이 율법에는, 심한 싸움으로 여인이나 아기가 사망할 경우 사형까지도 고려되었다는 것이 확실해 보인다.[1] 흥미롭게도 성경은 폭행에 의해 조산된 아기도 하나의 인격체로 보고 있다. 이것은 뱃속에서 자라는 중인, 아직 태어나지 않은 아기도 어른의 생명과 견주어 다를 바 없는 동일한 가치를 지닌다는 것을 가르쳐준다.

신약을 살펴보면, 예수님은 이 원칙을 다루시면서 이것이 형벌을 제한하는 수단으로 적법함을 확증하신다. 동시에 오늘날에도 여전히 일어나고 있는 이 구절의 그릇된 적용에 대해 걱정하셨다. 이 구절은 사람 사이의 개인적인 복수를 정당화해주는, 소위 증거 본문으로 의도된 것이 결코 아니다. 이 구절은 일차적으로 판사들과 법정에 지침을 주려고 한 것이었다.

이 구절을 악용하는 것을 시정하고자, 예수님은 이 구절을 개인적 보복의 근거로 사용하려는 유혹을 받는 사람을 위해 완전히 새로운 사고방식과 관계 형성방식을 제시하신다.

> 또 눈은 눈으로, 이는 이로 갚으라 하였다는 것을 너희가 들었으나 나는 너희에게 이르노니 악한 자를 대적하지 말라. 누구든지 네 오른편 뺨을 치거든 왼편도 돌려 대며 또 너를 고발하여 속옷을 가지고자 하는 자에게 겉옷까지도 가지게 하며 또 누구든지 너로 억지로 오 리를 가게 하거든 그 사람과 십 리를 동행하고 네게 구하는 자에게 주며 네게 꾸고자 하는 자에게 거절하지 말라(마 5:38-42).

본질적으로 예수님은 억울한 피해를 입은 당사자에게 한 발 뒤로 물러서서 양보하라고 권면하시며, 심지어 그에게 피해를 입었을 때

저항하거나 싸울 수 있는 자신의 "권리"를 포기하라고 말씀하신다. 달리 말하면, 정의는 법에 맡기고 개인적인 관계에 있어서는 기꺼이 용서하고 다른 쪽 뺨도 내어주라는 것이다. 사실 예수님은 억울한 일을 당했을 때 자비롭고 온유하게 대응해야 한다는 말씀을 하고 계신 것이다. 즉 "속옷을 가지고자 하는 자에게는 겉옷까지도 가지게 하라"는 것이다.

따라서 누군가가 당신에게 모욕을 준다면, 그 사람에게 똑같이 모욕으로 되갚아주어서는 안 될 뿐만 아니라, 줄곧 온유함으로 대응해야만 한다. 이러한 사랑의 방식이 그리스도를 따르는 사람의 특성이어야 한다. 그것은 "우리가 아직 죄인 되었을 때에"(롬 5:8) 우리를 사랑하셨던 구주를 닮아가는 것과 같다.

더 나아가 사도 바울은 로마 교회에 보내는 편지에서 이러한 그리스도의 가르침을 유사한 방식으로 요약했다.

> 내 사랑하는 자들아, 너희가 친히 원수를 갚지 말고 하나님의 진노하심에 맡기라. 기록되었으되 원수 갚는 것이 내게 있으니 내가 갚으리라고 주께서 말씀하시니라. 네 원수가 주리거든 먹이고 목마르거든 마시게 하라. 그리함으로 네가 숯불을 그 머리에 쌓아 놓으리라. 악에게 지지 말고 선으로 악을 이기라(롬 12:19-21).

이 말씀은 보복과 관련된 성경의 가르침을 바르게 조명해준다. 그리스도인으로서 우리는 억울한 일을 당할 때면 법정이 응당 해야 할 일을 하도록 허용해야 하며, 개인적인 차원에서는 그리스도처럼 대응하려고 노력해야 한다.

14장
믿음의 기도

"믿음의 기도는 병든 자를 구원하리니."

_야고보서 5:15

나는 1993년 가을에 신학대학원에 입학했다. 나는 당시 대학을 졸업한 지 얼마 안 되었고, 학생들로 북적대는 사립 단과대학 캠퍼스에 새롭게 세워진, 활기가 넘치는 교회의 사역자로 섬겨달라는 요청을 받았다. 내 인생의 이 시기는 영적 성장과 도전과 약속으로 충만한 역동적인 때였다.

이때까지만 해도 나의 믿음은 큰 시험을 겪어본 일이 없었다. 정확히 말하자면, 그때까지 살아오면서 내게도 "작은 위기"가 더러 찾아온 적은 있었다. 그러나 나는 상대적으로 큰 상처 없이 평탄하게 인생을 살아왔다. 하지만 그 모든 것이 곧 바뀔 참이었다.

가을 방학을 맞아 나는 생일을 아버지와 함께 보내기 위해 고향인 인디애나 주로 돌아갔다. 내 생일은 10월 19일이고 아버지의 생일은

10월 20일이어서 하루 차이에 불과했고, 아버지와 내 생일을 함께 축하할 수 있다는 점은 항상 매우 특별하게 느껴졌다(아이러니컬하게도 나의 작은 아들 역시 10월 19일에 태어났다).

그 당시 아버지는 몸이 많이 편찮으셨다. 아버지는 위중한 심장마비 증세로 7년 전에 이미 수술을 받았기 때문에 심장이 많이 약해진 상태였다. 그 이후 아버지는 줄곧 힘든 시기를 보내며 심장 이식을 기다리고 계셨다. 그래서 내가 그 해 가을 집에 갔을 때, 아버지가 곧 새 심장을 이식받을 수 있을 것이라는 가능성 때문에 집안 분위기는 긴박하면서도 붕 떠 있었다.

아버지는 믿음의 사람이었기에 앞에 놓여 있는 불확실한 상황을 혼자 대면해서는 안 된다는 것을 알고 계셨다. 아버지는 하나님의 임재를 경험하기를 몹시 원하셨고 하나님이 자신의 삶을 축복하고 치유해주시길 바라며 자주 기도하셨다. 또한 아버지는 다른 사람들이 기도해주기를 바라셨다. 그래서 내가 집에 머무는 동안, 아버지는 마을의 작은 시골 교회 중직자들을 집으로 초청해서 당신을 위한 기도와 함께 야고보서 5:13-16에 기록된 초대교회의 관습과 동일하게 기름을 발라달라고 부탁하기로 결심했다.

> 너희 중에 고난당하는 자가 있느냐? 그는 기도할 것이요. 즐거워하는 자가 있느냐? 그는 찬송할지니라. 너희 중에 병든 자가 있느냐? 그는 교회의 장로들을 청할 것이요 그들은 주의 이름으로 기름을 바르며 그를 위

하여 기도할지니라. 믿음의 기도는 병든 자를 구원하리니 주께서 그를 일으키시리라. 혹시 죄를 범하였을지라도 사하심을 받으리라. 그러므로 너희 죄를 서로 고백하며 병이 낫기를 위하여 서로 기도하라. 의인의 간구는 역사하는 힘이 큼이니라.

이 말씀은 아주 간단한 본문처럼 보인다. 그렇지 않은가? 아버지는 불확실한 미래를 마주하고 있었으며, 하나님이 그를 영적으로 강건하게 해주시기를 원했다. 그리고 만약 하나님의 뜻이라면 육신의 병도 고쳐주시기를 바랐다. 그래서 아버지의 상황에 이 구절을 적용하는 것은 당신이 보기에는 가장 논리적이었다.

얼마 후 연세가 지긋한데다 경건하게 생활하시는 찰스 발스보(Charles Balsbaugh) 할아버지가 트럭을 타고 와서 우리 집 앞에 차를 세웠다. 그런데 다른 사람은 아무도 오질 않았다. 나는 어안이 벙벙했다. **본문은 장로들(복수형)이라고 분명히 말하지 않았던가?**

놀랍게도 아버지는 나를 전혀 예기치 못한 방식으로 인정하려고 하셨던 모양이다. 아버지는 찰스 할아버지에게 이렇게 말씀하셨다. "영감님, 이제는 제 아들이 목사니까, 영감님만 괜찮으시다면 제 아들이 저에게 기름을 발라 주었으면 합니다."

그 즉시 나의 가슴이 쿵쾅거리기 시작했다. 최근에 목사직을 맡은 후로 이런 일을 하는 것은 처음이기 때문이었다. 나는 전에 기름 바르는 것을 본 적이 있어서 무엇을 해야 하는지는 어느 정도 알고 있었다. 그러나 내가 내 아버지에게 기름을 발라드리게 될 것이라고는 꿈에도 생각해본 적이 없었다. 그것은 이루 말로 다 표현할 수 없는 특권이었다. 나는 약간 긴장했다. 그렇지만 우리는 부엌에서 올리브유를 가져왔고, 나는 성경을 집어 들었다. 아버지는 내가 야고보서에 나오는 본문을 읽는 동안 거실 의자에 앉아 계셨다.

아버지 앞에 서서 성경을 읽는 동안, 나는 아버지가 나를 올려다보고 계신 것을 볼 수 있었다. 나는 아버지가 나에게 이런 식의 부탁을 함으로써 마치 침묵으로 나의 인생과 소명을 인정하신다는 말씀을 하고 있는 것처럼 느껴졌다. 죄를 고백하는 시간을 갖고 난 후에 나는 올리브유를 찍어서 아버지 이마에 발랐다. 그런 다음 찰스 할아버지와 나는 아버지 어깨에 손을 얹고 아버지에게 영적인 힘을 주시기를, 그리고 바로 그 순간, 그 자리에서 아버지가 치유될 수 있게 해달라고 기도했다.

하지만 그로부터 불과 사흘 후에 아버지가 돌아가셨다.

아버지를 위해 기도한 지 이틀 후 나는 신학교로 돌아갔고, 그 때까지만 해도 모든 것이 좋아 보였다. 그런데 그 주 토요일 아침에 아버지의 심장이 갑자기 불규칙적으로 뛰었다. 아버지는 앰뷸런스에 실려 가까운 병원 응급실로 급히 옮겨졌다. 그러나 응급처치 후, 아버지의 심장은 완전히 멈췄으며, 두 번 다시 뛰지 못했다. 아버지는 고작 54세였다.

나는 아버지가 돌아가셨다는 전화를 받고 도저히 믿을 수가 없었다. 내가 집을 방문했을 때만 해도 아버지는 건강이 괜찮아 보였다. 우리는 함께 즐거운 시간을 보냈고 심장 이식의 가능성으로 인해 잔뜩 기대에 부풀어 있었다. 더욱이 우리는 아버지에게 기름을 바르고 하나님께서 그 몸을 치유해주시기를 기도했다. 그런데 **어떻게 이런 일이 일어날 수 있단 말인가? 도대체 우리가 뭘 잘못했단 말인가?**

이 사건은 궁극적으로 나로 하여금 야고보서 5장의 가르침에 수긍하도록 이끌었다. 나는 아버지가 영광스러운 자리로 올라가셨다는 것을 알았다(그리고 그 점에서 나는 아버지가 다시 돌아오시기를 원치 않는다). 그러나 왜 하나님은 약속하신 대로 아버지를 치유해주지 않으셨는가? 내가 이 본문을 잘못 이해하고 있었던 걸까? 우리는 믿음으로 기도했다. 성경 말씀을 그대로 따랐다. 그런데 왜 하나님은 고작 며칠도 안 돼서 아버지를 데려가셨단 말인가? 이 사건은 가족에게 닥쳐온 위기였을 뿐만 아니라, 나에게도 믿음의 위기였다.

나는 놀라고, 슬프고, 믿을 수가 없었다. 나는 그 와중에도 해답을 찾기 시작했다. 그래서 성경 말씀을 연구했다. 성경을 읽고 기도했다. 나는 신뢰하는 그리스도인 지도자들과 대화를 나누었다. 믿음과 기도, 치유와 하나님의 뜻이 서로 어떤 관계가 있는가라는 문제는 내 삶의 중심적인 문제가 되었다. 그리고 내가 발견한 것은 이렇다.

첫째, 우리는 그리스도에 대한 믿음이 (그리스도인의 삶의 모든 양상에서) 필수적이라는 점을 인정해야 한다. 히브리서 기자는 믿음이 없이는 하나님을 기쁘시게 할 수 없다고 말한다(히 11:6). 예수님은 고향

나사렛에서는 사람들이 도무지 믿음이 없었기 때문에 치유 사역을 제한하기로 하셨다(마 13:58). 그러므로 성경은 치유에서 믿음의 역할을 중요한 요소로 격상시킨다.

둘째, 성경은 기도의 중요성 역시 분명하게 강조한다. 사실 성경은 꾸준히 의지하며 기도하지 않았기에 치유가 일어나지 않았던 때를 기록하고 있다. 제자들은 이 교훈을 예수님께 직접 배웠다(마 17:14-21). 더 일반적인 의미에서, 야고보는 단지 우리가 구하지 않았기 때문에 하나님께로부터 받지 못하는 때가 있다는 점을 확실히 밝히고 있다(약 4:2).

그러므로 야고보가 본문에서 적절히 진술한 대로, 하나님은 "믿음으로 드리는 기도"를 찾으신다(5:15). 우리는 이것을 영적인 부흥이나 육체적인 치유를 추구하는 데 국한시켜서는 안 된다. 믿음의 기도는 그리스도인의 삶의 모든 양상에서 하나의 패턴이 되어야 한다. 신자는 하나님을 의지하며 쉬지 말고 기도하는(살전 5:17) 동시에 믿음으로 행하라는 말씀을 듣는다(고후 5:17).

그렇다면 이 모든 것이 어떻게 야고보서 5:13-16에 적용되는가? 이 본문은 만약 우리가 교회 장로들에게 병자를 위해 기도하고 기름을 발라달라고 청하면, 아픈 사람이 나을 것이라고 보장한다는 의미를 함축하고 있는 것처럼 보이지 않는가? 좀 더 자세히 살펴볼 필요가 있다.

첫째, 먼저 장로들의 역할부터 살펴보자. 교회의 영적 목자로서 장로들은 양 무리의 필요를 돌보는 임무를 맡고 있다. 그러므로 그들이 어려운 상황 가운데 있는 사람을 도와주러 오는 것은 당연하다. 물론 그렇다고 해서 다른 신자들이 함께 와서 영적이고 육신적인 문제에 도움을 주지 못하도록 배제하는 것은 결코 아니다. 그러나 여기서 야고보는 구체적으로 장로들, 목사들, 즉 목자들을 청하라고 말한다.

그 이유는 무엇인가? 환자는 자신을 위해 기도해줄 사람이 영적으로 지혜롭고 성숙하고 성경 말씀을 잘 아는 사람, 그리고 하나님의 방식에 익숙한 사람이기를 원한다. 방금 언급한 것들은 모두 이런 특별한 상황에서 적절히 기도하는 방법을 아는 데 핵심 요소다. 더욱이 목자들은 기도를 잘할 줄 알아야 하며, 민감한 정보와 난해한 상황을 잘 다룰 수 있어야 한다. 이 모든 것은 이러한 순간에 공통적으로 볼 수 있는 역동성이다.

둘째, 야고보는 장로들의 역할이 기도하는 것뿐만 아니라 아픈 사람에게 주님의 이름으로 기름을 바르는 일도 포함하고 있다고 말한다는 점을 주목해야 한다. 흥미로운 것은 올리브유가 성경 시대에 피부를 보호하고 건강하게 해주는 방편으로, 의학적인 목적을 갖고 사용되었다는 점이다(눅 10장의 선한 사마리아인의 이야기를 참조하라).

그러나 야고보는 장로들에게 와서 기도하고 의술을 펼치라고 말하는 것이 아니다. 성경에서 올리브유를 사용하는 데는 또 다른 목적이 있었다. 기름은 누군가를 구별하거나, 하나님께 성별하여 드리는 상징적인 방법으로도 사용되었다. 왕들은 기름부음을 받았고, 제사장 역시 그가 하나님과 하나님의 목적을 위해 구별되어 바쳐졌다는 것을 알리기 위해 기름을 부음으로써 임직을 받았다.

그러므로 장로들이 아픈 사람을 위해 기도하고 기름을 바를 때, 어떤 면에서 기도 받는 사람이 하나님께 특별한 주목을 받도록 구별되고 있다는 말을 하는 것이다.

죄를 고백하는 시간과 병행될 때, 기름을 바르는 것은 그 순간 병약하거나 아픈 사람이 주님께 성별되고 있으며, 또한 오직 주님만을 신뢰할 것이라는 다짐을 새롭게 하는 순간이라는 것을 상징적으로 드러낸다. 간단히 말해서, 그들은 "하나님, 저는 하나님의 것입니다. 제 삶은 하나님의 것입니다. 제 몸과 영혼도 다 하나님의 것입니다. 그리고 우리는 하나님께서 강건하게 해주시고 치유해주시기를 간구합니다"라고 말하고 있는 것이다.

이 모든 것이 **믿음으로** 그리고 **주님의 이름으로** 행해져야 한다는 점에 주목하라. "주님의 이름으로"라는 표현 안에는 아주 심오한 의미가 담겨 있다. 첫째로 이 말은 예수 그리스도가 만물을 다스리시는 분이시며, 그분의 목적과 뜻은 우리의 목적과 뜻보다 더 중요하다는 사실을 인정하는 것이다. 둘째로 이 말은 우리가 우리 자신의 공로가 아니라 주님의 속성과 주님이 우리를 위해 하셨던 일을 근거로 그분께 기도하러 온다는 사실을 인정하는 것이다. 끝으로 예수님은 요한복음 14:13에서 주님의 이름으로 무엇인가를 구하는 것은 항상 하나님께 영광을 돌리는 것과 직접적인 관련이 있다는 점을 가르쳐주셨다.

이 모든 것을 종합해보면, 주님의 이름으로 기도하는 것은 주님이 이 문제에 대해 주권을 갖고 계시며, 그분께서는 자신이 가장 큰 영광을 받게 될 방식으로 우리의 기도에 응답해주신다는 점을 인정하는 것이다. 하나님은 삶에서 누군가를 치유해주기로 결정하실 수도 있고 그렇지 않을 수도 있다. 그리고 어떤 면에서 이것은 신자가 갖고 있는 믿음의 크기나 그가 드리는 기도의 분량과는 아무 관계가 없다.

꾸준히 기도하고 성숙하며 영성이 깊은 믿음을 갖고 있는 사람이라고 할지라도, 하나님의 뜻이 병중에 있는 신자를 치유하지 않고 하늘의 본향으로 불러들이는 것이라면, 그 주권적인 뜻을 이길 수 있는 힘을 갖고 있지 않다(그리고 바울이 빌 1:23에서 적절하게 말하는 것처럼, 본향으로 가는 것이 훨씬 더 낫다).

예를 들어 고린도후서 12장에서 바울은 그의 사역에 방해가 되었던 육체의 "가시"를 거두어달라고 하나님께 간구했다(우리는 이 "가시"가 무엇인지 확실히 알 수는 없지만, 나는 그것이 안질이었을 것이라고 생각한다). 이 위대한 사도는 그 어려움을 자신에게서 덜어달라고 간구했지만, 하나님은 기본적으로 "아니다, 바울아, 내 은혜가 네게 충분하다. 네가 약한 중에 내 능력이 완전하여지고 드러난단다"라고 말씀하셨다.

우리는 큰 믿음이 작은 믿음보다 훨씬 더 낫다는 것을 안다. 하지만 누군가에게 다가가서, 그가 사랑하는 사람이 여전히 질병으로 고통 받고 있거나 사망한 것은 그들의 믿음이 불충분해서 치유되지 않았다는 식으로 말하지 않도록 조심해야 한다. 우리는 그 일에 대한 하나님의 관점이 무엇인지 모른다. 뿐만 아니라, 누군가 슬퍼하고 있을 때 그것이 무슨 도움이 된단 말인가? 그렇게 말하는 것은 심히 무정하게 보일 뿐이다.

특정한 상황에서 육체의 병을 치유해주는 것이 하나님의 뜻이 아닌 때가 있다. 그런 경우에는 우리를 붙잡아줄 그분의 충만한 은혜에 의지하며, 하나님과 그분의 선하심을 신뢰해야 한다. 결정적인 요인은 우리의 간구가 하나님의 뜻과 일치하는가 않는가다(요일 5:14-15을 참조하라).

그러나 여기서 자연스럽게 한 가지 질문이 떠오른다. 만약 하나님이 주권을 갖고 계시며 또 어떻게든 하나님의 뜻이 이루어질 것이라면, 왜 기도해야 하는가? 대답은 간단하다. 하나님께서 우리에게 기도를 명하셨기 때문이다. 때로 하나님이 그의 은혜와 치유하는 능력의 빗장을 푸시는 데 사용하는 수단은 우리의 기도 안에 들어 있다. 성경은 기도가 차이를 가져온다고 지속적으로 증언한다. 야고보서 5:16은 "의인의 간구는 역사하는 힘이 큼이니라"고 말하고 있다.

그리하여 하나님은 우리가 하나님의 뜻이 이루어지도록 믿음으로 기도하고 있다는 사실을, 그분의 주권을 따라 그분의 계획 안에서 어떤 식으로든 통합시키신다. 기도는 중요하다. 그리고 하나님이 치유하기로 마음먹을 때(하나님은 지금도 그렇게 하신다고 내가 믿는 것처럼), 그것은 종종 믿음으로 드리는 꾸준한 기도에 대한 반응이다.

그러나 여전히 이렇게 물을 수 있을 것이다. "나는 하나님의 주권과 뜻과 충만한 은혜와 관련된 모든 것을 이해합니다. 그럼에도 야고보는 치유를 보장하지 않았나요?" 물론 그렇다. 그러나 **어떤 종류의 치유**가 보장되었는가? 본문을 좀 더 자세히 보길 바란다.

정확하게 말하자면, 여기서 육체적 치유의 가능성을 배제할 수 있다고 생각하지는 않는다. 특히 야고보가 누군가가 (추정컨대 병상에서처럼 누워 있는 위치로부터) "일으킴"을 받는다는 말과 함께 기름을 바르는 의학적인 행위의 이미지를 사용하기 때문에 더욱 그렇다. 그러나 여기서 육체적인 치유에 대해 말하고 있다 해도, 우리는 그것이 이제까지 우리가 말했던 모든 것을 조건으로 한다는 것을 안다. (우리가 아버지를 위해 기도했고 그에게 기름을 발랐음에도 불구하고, 하나님은 그를 본향으로 데려가기로 하셨다.)

그러므로 야고보가 여기서 약속하고 있는 것은 다름 아닌 **영적인 회복과 치유**라고 해석할 수 있다. 야고보는 본문에서 두 개의 그리스어를 사용하는데, 그것들은 모두 "병든"이라고 번역되어 있다. 신약의 다른 곳을 보면, 이 그리스어 단어들은 박해나 고난으로 인해서 감정적으로 지쳐 있거나 영적으로 약해져 있는 상태를 의미할 수도 있다.

이것은 야고보서의 문맥과도 일치한다. 주변 문맥도 야고보가 여기서 육체적인 문제보다는 오히려 영적인 문제를 더 염두에 두고 있다는 것을 보여준다. 이것은 야고보가 이 본문 바로 다음에 죄의 고백과 용서에 대해서 말하고 있다는 사실에 기인한다.

야고보는 병든 사람을 낫게 할 믿음의 기도를 언급하자마자 즉각 "혹시 죄를 범하였을지라도 사하심을 받으리라"(5:15)고 말하고 있다. 그렇다면 여기서는 죄의 고백과 믿음으로 올려드린 기도의 결과로서 오는 영적인 치유와 회복의 약속에 대해 말하고 있는 것이 확실하다.

> 그러므로 너희 죄를 서로 고백하며 병이 낫기를 위하여 서로 기도하라(약 5:16).

그래서 인생에서 절대적으로 보장된 치유는 오직 회개와 믿음의 결과로 오는 영적인 회복과 치유뿐이다. 하나님은 우리를 영적으로 치유해주시고 다시 온전하게 만들어주실 것이라고 약속한다. 죄는 우리를 가로막는 장벽이 되어왔고, 심지어 육체적으로 약하게 만드는 요인이 되었다(고전 11:29-30을 보라). 그러나 영적인 치유는 죄를 회개하고 죄로부터 돌아서는 사람에게 온다.

베드로가 사도행전에서 설교했던 대로, 우리는 "회개하고 돌이켜 [우리] 죄 없이 함을 받고, 이같이 하여 새롭게 되는 날이 주 앞으로부터 이르게"(행 3:19) 해야 한다.

따라서 비록 육체적인 치유가 보장되지 않는다 해도, 죄를 회개하고 믿음으로 하나님을 바라보는 자에게 영적인 치유와 회복은 **보장된다**. 하나님은 "그들을 일으켜 세우셔서" 그들이 다시 영적으로 온전히 회복되게 해주실 것이다. 공정하게 말하자면, 사실 하나님은 치유를 위해 믿음으로 기도하는 사람을 육체적으로 치유해주실 수도 있지만, 우리가 앞서 보았던 것처럼 그것은 하나님의 주권적인 의지에 따라 응답될 것이다. 그리고 설사 하나님이 치유하신다 해도, 우리 육신의 궁극적인 치유는 우리가 앞으로 유업으로 물려받을 삶까지 기다려야만 할 것이다.

나는 아버지가 몹시 그립다. 그것은 두말하면 잔소리다. 내가 아버지를 위해 기도하고 기름을 발라드렸던 그날을 결코 잊지 못한다는 것을 당신도 충분히 상상할 수 있을 것이다. 그리고 그때 아버지 앞에서 있던 사람이 나였음에도 불구하고, 여러 면에서 나는 아버지가 마치 내 앞에 서서 나를 내려다보며 당신의 사랑을 나에게 확인시켜주셨다는 느낌을 받는다. 나는 아버지가 돌아가시기 며칠 전부터 자신의 죄를 회개하고 야고보서 5장을 실행함으로써 진정한 영적 회복과 갱생을 누렸다는 사실에 위안을 받는다. 아버지는 가장 중요한 면에서 진정한 치유를 얻었던 것이다.

15장
회개하고 세례를 받으라

"너희가 회개하여 각각 예수 그리스도의 이름으로 세례를 받고 죄 사함을 받으라 그리하면 성령의 선물을 받으리니." _사도행전 2:38

인스턴트 스트레스. 이것은 내가 자동차에 사람들을 가득 태우고 식당의 드라이브인 차선으로 들어설 때 느끼는 기분이다. 네 가지 다른 주문, 메뉴를 보는 데 필요한 시간, 그리고 주문이 하나 끝날 때마다 "더 주문하실 것은 없습니까?"라고 묻는 스피커 건너편에 있는 사람. 그것만이 아니다. 내 뒤에는 기다리느라 지친 사람들로 가득 찬 자동차들이 줄지어 서 있다. 나는 5분 전만 해도 일을 잘하고 있었는데 지금은 그렇지 못하다.

그 순간 나를 의아하게 하는 것들이 있다. 내가 드라이브인 차선으로 처음 들어설 때 나를 맞아준 사람과 주문을 받는 사람이 동일인물이 아니라는 점이다. 또 왜 냉커피가 뜨거운 커피와 얼음 한 그릇(대개 얼음은 공짜다)보다 더 비싼지 그 이유를 나는 잘 모르겠다.

곧 이어 매상을 올리기 위한 끼워 넣기 공세가 펼쳐진다. "99전만 더 내시면 감자튀김 라지 사이즈가 나오는데 그렇게 하시겠습니까?" 나는 그들이 그렇게 물어야 하는 이유를 안다. 그렇지만 내 대답은 "아니요, 됐습니다"가 전부다. 나는 돈을 더 쓰고 싶은 유혹을 받지 않았으면 좋겠다. 자동차 정비 센터에 들르면 반드시 직원 중 하나가 더러워진 내 자동차 에어필터를 들고 다가오는데, 그때 느끼는 기분과 비슷하다. **정말로 에어필터를 새것으로 갈아야 하나? 아니면 이건 그저 나를 속여 먹으려고 하는 것일까?**

오늘날 "끼워 넣기" 마케팅 전략은 우리에게 꼭 필요하지 않은 것을 더 구입하도록 유도하기 위해 창의력을 새로운 수준으로 끌어올렸다. 나는 최근 라디오에서 "기억하세요, 더 많이 구입할수록 더 많이 할인 받는 것입니다"고 선전하는 광고를 들었는데, 그 광고는 약간 속이는 정도가 아니다. 이것이 많은 회사들이 돈을 버는 방식이며, 많은 사람이 순진하게도 그 미끼를 문다.

그러나 적어도 믿음과 교리의 문제에 있어서는 이런 식의 끼워 넣기를 매우 조심해야만 한다. 사도행전에 나오는 이 성경 구절을 흔히 잘못 해석하고 적용하는 것이 바로 그런 경우다. 이 구절을 잘못 이해하게 되면 잘못된 가르침으로 이어지게 되며, 이것은 우리의 구원을 인간의 행위(이 경우 세례)에서 비롯된 것으로 만들기 때문에 궁극적으로 매우 위험하다. 그러나 이는 그 구절이 진정으로 의미하는 바가 아니다.

문제가 되는 본문은 사도행전 2:38이다. 거기서 베드로는 오순절 성령강림 후에 처음으로 복음전도 설교를 한다. 성령 충만한 베드로의 권능 있는 설교는 유대인들로 하여금 선택된 메시아를 죽인 책임이 자신들에게 있다는 사실을 깨닫고 "마음에 찔려" 깊이 뉘우치게 했다.

자기 죄를 깨닫고 수치스러워하며 후회하던 유대인들은 베드로와 제자들에게 자신들이 어떻게 해야 할지를 가르쳐달라고 간청한다. 베드로는 권위 있게 대답한다.

> 너희가 회개하여 각각 예수 그리스도의 이름으로 세례를 받고 죄 사함을 받으라. 그리하면 성령의 선물을 받으리니(행 2:38).

이 본문을 적절하게 해석하고 적용한다면, 베드로는 그들에게 믿음으로 그리스도**께로** 오는 것과(이것은 함축되어 있다), 동시에 그들의 죄를 완전히 버리고 돌아섬으로써(회개) 마음의 변화를 보이라고 촉구하고 있다. 성경적으로 말하자면, 이것은 죄 용서를 받기 위해 예수 그리스도에 대한 구원의 믿음을 표현하는 것에 상응한다. 그것은 하나의 완전하고 동시적인 행위(동전의 양면)이며, 나중에 사도 바울이 그의 복음 사역이 무엇에 관한 것인지를 말할 때 확증했던 것이다.

> 유대인과 헬라인에게 하나님께 대한 **회개**와 우리 주 예수 그리스도께 대

한 믿음을 증언한 것이라(행 20:21).

회개와 믿음은 둘 다 하나님의 선물이며(행 5:31; 딤후 2:25; 엡 2:8-9), 그것은 죄인이 복음의 메시지에 대해 보이는 믿음의 반응이다. 이것은 성경을 믿는 그리스도인들이 회심이라고 부르는 것이며, 하나님이 죽은 심령에 새로운 영적인 생명을 부여해주시는 방법이기도 하고(엡 2:1), 예수님이 말씀하셨던 것처럼 사람이 "다시 태어나는"(요 3:3) 순간이다.

이것은 하나님의 놀라운 주권적 역사이며(요 1:13), 우리가 "새로운 피조물"이 되는 것은 바로 이 순간이다(고후 5:17). 성령이 우리에게 새 생명을 주시고(요 3:6; 6:63), 우리를 씻어 새롭게 하며(딛 3:5), 우리 안에 영원히 거하시기 때문이다(고후 1:22; 엡 1:13-14). 그러므로 베드로가 말하는 것처럼, 우리는 죄 용서를 받을 뿐만 아니라 성령의 선물을 받는다. 곧 두 가지 놀라운 약속을 받는 것이다.

또한 그들의 회개(와 믿음)를 공적으로 확실히 선포하는 방법으로 베드로는 세례(하나님이 우리의 내면을 깨끗하게 해주셨다는 외적인 상징)를 받으라는 명령을 포함시켰다. 이것은 그들이 진심으로 회개했다는 것을 가시적으로 보여주는 강력한 상징이었으며, 성령이 그들의 죄를 씻어줄 때 일어나는 영적 정화를 생생하게 묘사했을 것이다(딛 3:5). 세례 그 자체로는 구원의 능력이 없는 후속적인 행위다. 왜냐하면 우리는 오직 믿음으로만 구원을 받으므로 어느 누구도 자랑할 수 없기 때문이다(엡 2:8-9).

그러나 이 성경 구절에 대한 크나큰 오해가 있었고, 그로 인해 이 구절이 그릇된 가르침을 지지하기 위해 잘못 사용되는 일들이 벌어졌다. 이 구절을 잘못 읽은 많은 사람이 세례는 구원을 위해서 필요한 조건이라고 결론을 내렸다. 왜냐하면 베드로가 "회개하여 세례를 받고…죄 사함을 받으라"고 말했기 때문이다. 그러나 세례를 그원에 필요한 조건으로 포함시키는 것은 이 해석을 신약 전체의 가르침과 반대되는 해석으로 몰아넣는 결과가 될 것이다. 신약은 우리가 오직 믿음으로만 구원을 받는다고 분명하게 가르치고 있다(요 1:12; 갈 2:16; 엡 2:8-9; 빌 3:9). 성경은 그 안에 서로 모순이 없으므로, 우리는 세례를 구원의 필요조건으로 포함시킬 수 없다.

더욱이 만약 세례가 구원을 위해 필요했다면, 십자가 상의 강도는(죽기 전에 세례를 받을 시간이 없었기 때문에) 정말로 구원을 받은 것이 아니며, 예수님은 그날 그 강도가 자신과 함께 낙원에 있을 것이라고 약속했기 때문에(눅 23:43) 거짓말쟁이가 될 것이다.

사도행전은 본문의 후반부 내내 용서를 회개 및 믿음과 관련짓는다(행 5:31; 10:43; 13:38-39). 베드로는 나중에 "그러므로 너희가 회개하고 돌이켜 너희 죄 없이 함을 받으라"(행 3:19)고 명령하며, 이 말을 할 때 세례를 전혀 언급하지 않는다. 또한 빌립보 간수가 바울에게 구원을 받기 위해 무엇을 해야 하냐고 물었을 때, 바울은 "주 예수를 믿으라. 그리하면 너와 네 집이 구원을 받으리라"(행 16:31)고 간단하게 말했고 그것이 그의 대답의 전부였다. 그렇다면 세례는 그의 진정한 회심과 그가 얻은 정결함을 보여주는 증거로서만 뒤따라오며, 세례를 행하는 것은 그리스도의 가르침에 대한 순종의 행위였다(마 28:19).

그러나 아마도 가장 분명한 통찰을 보여주는 것은 베드로의 설교를 듣고 믿게 된 첫 번째 이방인 회심자인 고넬료의 회심 기사일 것이다. 사도행전 10장에서 베드로가 복음을 전하자 고넬료는 믿고 구원을 받았다(그리고 그 증거로 성령을 받았다). 이 사건이 일어나고 난 후에야 비로소 베드로는 다음과 같이 말했다.

> 이 사람들이 우리와 같이 성령을 받았으니 누가 능히 물로 세례 베풂을 금하리요 하고 명하여 예수 그리스도의 이름으로 세례를 베풀라 하니라. 그들이 베드로에게 며칠 더 머물기를 청하니라(행 10:47-48).

그러므로 세례는 구원의 **방편**이 아니라 오히려 그것을 증명하는 **후속적인 상징**과 밀접한 관련이 있다. 후일 베드로도 그의 서신에서 구원을 주는 것은 세례라는 외적인 행위 자체가 아니라, 양심을 깨끗하게 하는 믿음, 즉 예수 그리스도에 대한 구원의 믿음이라고 말했다. 그리고 세례가 상징하고 나타내는 것은 (우리의 양심을 포함한) 우리의 심령이 내적으로 씻겨 깨끗하게 된 것이다(벧전 3:21).

그러므로 우리가 구원 개념에 믿음 외의 다른 어떤 것을 추가해야 한다는 끼워 넣기를 주의하라. 이것은 성경적이지 않다. 우리는 오직 믿음을 통해 은혜로 구원받는다.[1] 갈라디아서에서 거짓 교사들은 할례를 구원받는 믿음에 필요한 것으로 추가하고 싶어했으며, 이것은 바울을 격노케 했다. 바울은 그들에게 "너희가 이같이 어리석으냐, 성령으로 시작하였다가 이제는 육체로 마치겠느냐"(갈 3:3)고 물었다.

바꿔 말하면, 왜 당신은 당신의 구원을 위해 성령의 역사만으로는 충분치 않다고 생각하는가, 하나님의 구원의 은혜를 얻기 위해서 (구약 율법처럼) 다른 무언가를 "끼워 넣어야" 할 필요가 있다고 생각하느냐고 묻는 것이다.

이러한 잘못 사용된 성경 구절(행 2:38)의 사례에서 다시 한 번 드러나는 원칙은 성경이 성경을 해석하게 하는 것이 가장 중요하다는 것이다. 이 경우 본문을 표면적으로 읽을 때 그 본문이 성경의 다른 구절과 함께 연계될 수 없다면, 본문의 의미는 우리가 생각하는 것이 아닐 수도 있다는 사실을 가르쳐준다. 이 원칙은 우리에게 빨간 깃발을 들어서 경고해줄 것이다.

기억하라. 드라이브인 차선의 목소리와 달리, 성경 안에서 말하는 목소리는 처음부터 끝까지 동일한 목소리라는 사실을. 이것은 성령의 목소리이며, 그분은 항상 일관성이 있다. 그리고 구원에 관해서는 끼워 넣기 같은 것은 전혀 존재하지 않는다. 얼마나 다행스러운 일인가! 그렇게 하는 것이 스트레스가 되지 않는다.

16 장
네 마음을 지키라

"모든 지킬 만한 것 중에 더욱 네 마음을 지키라
생명의 근원이 이에서 남이니라." _잠언 4:23

누군가가 각별하게 가까이 다가올 때면 뒤로 물러나는 경향이 있는 친구가 당신에게는 있는가? 이와 관련하여 혹시 생각나는 사람이 있는가? 나는 많은 사람이 생각난다. 아마 당신도 그러리라고 생각한다. 사실 나는 당신을 묘사하고 있을 가능성도 있다. 자, 그 문제에 직면해 보자. 여러 이유로 인해 어떤 사람들은 자기 마음을 열고 삶과 경험과 관계 등에 대한 자신의 생각과 내면의 감정을 다른 사람과 나누기를 어려워한다.

어떤 문화권에서는 감정적인 연약함이 유약함의 표시로 인식될 수 있고, 그로 인해 삶을 좀 더 금욕적이고 지적으로 접근하는 것을 선호하거나 더 가치 있게 여기는 경우가 종종 있다. 만약 당신이 매우 다양한 인종이 있는 나라로 여행을 하거나 그런 곳에서 살았던 경험이 있다면, 어떤 민족은 내면의 감정을 드러내는 것을 좋아하지 않는다는 것을 곧 알게 된다. 일반적인 표현을 사용하자면, 그들은 가슴 깊숙이 그들의 패를 숨겨두기를 좋아한다.

그러나 정확히 말해서 이것은 단순한 문화 현상 그 이상일 수 있다. 많은 사람이 마음의 문제에 대해서는 전혀 말하지 않는 가정에서 자란다. 그 외에도 건강하지 못한 관계 때문에 상처를 받고서 다른 사람과 감정적으로 친밀해지지 못하고 움츠러들게 된 사람도 있다.

경우야 어떻든 간에, 천성적으로 어떤 사람은 다른 사람에게 자신의 삶과 마음을 열어 보여주는 것을 당혹스럽거나 위협적으로 느낀다. 그래서 경력, 행사, 활동 뒤로 숨을 수 있다. 그들의 분주함 뒤에는 내면 깊은 곳에서부터 핏줄을 타고 흐르는 외로움이 있다. 비록 절대로 인정하지 않을 테지만 말이다.

이런 상황에서 다음의 잠언 구절은 다른 사람과 거리 두기를 정당화하는 데 종종 잘못 사용하기도 한다.

> 모든 지킬 만한 것 중에 더욱 네 마음을 지키라. 생명의 근원이 이에서 남이니라(잠 4:23).

여기서 자연스럽게 떠오르는 질문은 잠언의 저자가 우리 마음을 지켜야 한다고 말할 때 의미한 것이 무엇이었는가라는 것이다. 그것은 달콤한 사랑이 가져올 수 있는 잠재적 위험에 대해 말하는 것인가?

아니면 어떤 것이든 감정적으로 약해지지 말라고 말하는 것인가?

우선 잠언은 지혜의 책이며, 악을 피하고 하나님을 경외하는 삶에 대한 지침을 주는 격언 모음집이다. 이러한 격언들은 종종 저자의 경험에서 나온 것인데, 앞에서도 말했듯이 보장된 약속이라기보다는 일반적인 삶의 원칙으로 보아야 한다. 잠언의 진리를 잘 따른다면 사람의 행동을 이끌어주는 데 유익할 뿐만 아니라 인격발전에 있어서도 건전한 지침 역할을 한다. 잠언은 건전한 가르침의 씨앗이며, 물을 주고 잘 적용한다면 한 사람이 성장·성숙하고 거룩한 사람으로 발전해 나가는 데 도움을 준다.

이 점을 염두에 두고 다음 사실을 깨닫는 것이 중요하다. 잠언의 처음 아홉 장에서 저자는 아들에게 말하는 아버지의 역할을 맡아 하나님 경외하는 것을 통해 드러나는 지혜와 지식의 유익에 대해 가르친다는 것이다. 이 지혜는 하나님과의 관계에 그 뿌리를 두고 있다. 따라서 잠언으로 전수되어 내려오는 것들은 단순히 "머릿속 지식" 그 이상의 것이다. 그 가르침은 하나님을 경배하기로 헌신하는 순종적인 삶의 기초가 된다.

바로 이런 문맥 안에서 "아버지"가 "아들"에게 악한 자의 길을 피해야만 한다고 가르치는 말씀이 발견된다. 그 길은 결코 들어서서는 안 되는 길이다. 거기는 사람을 넘어뜨리고 쓰러지게 만드는 어둠과 위험이 도사리고 있기 때문이다. 그러나 장수와 안정과 번영의 길은 지혜로운 아버지의 말씀과 가르침을 받아들일 때 발견되며, 그 지혜로운 조언은 그의 말씀에 청종하는 사람을 보호하고 축복해준다.

이 문맥 안에 우리가 살펴보려는 구절이 있다. 젊은 아들은 아버지의 말씀에 주의를 기울이라는 권면을 받는다. 아버지의 말씀에 귀를 기울이면 그의 발걸음이 평탄하고 확실하여 악을 피하게 된다고 말씀한다. 아버지는 자신이 말하고자 하는 요점을 설명하려고 신체의 일부분을 사용하는데, 곧 마음을 보호하고 지키며, 비뚤어지고 구부러진 말을 하는 것을 삼가며, 곁길로 가지 않도록 곧게 앞을 바라보며, 그의 발이 행할 길을 잘 살펴서 평탄하고 든든한 길로 가라고 권면한다.

유대 문헌에서 "마음"이라는 단어는 정신, 감정, 의지를 다 포함하는 포괄적인 용어다. 이것은 사람 존재의 중심이고, 모든 행동의 원천이며, 잠언이 적절하게 부르는 것처럼 "생명의 근원"이다. 바꿔 말해 마음 깊숙한 곳에서 행동의 뿌리를 발견한다는 것이다. 예수님도 마태복음 12:34에서 "마음에 가득한 것을 입으로 말함"이라고 말씀하셨다.

그러므로 "마음을 지키는" 것은 우리의 성품을 쉽게 부패시키는 불건전한 영향력으로부터 자신의 생명을 보호하는 것이다. 이를 오늘날에 적용해보면 포르노, 도박, 알코올 남용 등을 포함한다. 심지어 우리는 사귀는 친구들에 대해서 특별한 주의를 기울여야 할 수도 있다. 왜냐하면 사도 바울이 고린도전서 15:33에서 말하는 것처럼 "악한 동무들은 선한 행실을 더럽히기" 때문이다.

한 걸음 더 나아가 잠언 저자는 아들에게 성품을 파괴하고 삶을 파멸시키는 성적 방종과 간음의 위험성에 대해 경고한다. 왜냐하면 남자는 결혼 생활이라는 안전한 울타리 안에서만 기쁨과 만족을 발견하게 되기 때문이다. 성적인 열정은 적절한 선을 넘지만 않는다면 좋은 것이다. 불이 일단 (적합한 장소인) 난로에서 나오면, 닿는 것마다 모조리 다 태워버리기 때문이다.

그렇다면 이 구절은 사람의 감정을 숨기는 것과는 아무런 관계가 없다. 그리고 다른 사람과 감정적으로 교류를 나누는 데 있어서 지나치게 조심해야 한다고 주장하는 구절로 사용될 수 없다. 이 구절은 사람이 하나님을 경외하고 축복받는 의로운 삶에서 쉽게 탈선하게 하는 악으로부터 자신의 성품을 보호하고 보존하는 것에 대한 것이다. 삶과 죽음, 성공과 실패가 여기에 달려 있다.

사역을 하면 온갖 유형의 사람을 만난다. 어떤 사람들은 조용한 반면, 어떤 사람들은 시끄럽다. 어떤 사람들은 지나치게 예민한 반면, 어떤 사람들은 좀 무딘 편이다. 어떤 사람들은 쉽게 마음을 열어 보이는가 하면, 어떤 사람들은 마음의 빗장을 풀기가 정말 어렵다. 그러나 어떤 사람이든 간에 우리 모두는 다른 이들과 관계를 맺고 살아가게끔 되어 있다. 하나님은 우리를 이렇게 지으셨다. 공동체 안에서 화평을 도모하고, 서로 더불어 살며, 그리스도의 몸 된 지체로서 서로 사랑하고 돌보도록 말이다.

관계에는 필연적으로 위험이 따르게 마련이다. 상처를 입을 때도, 실망하게 될 때도 있을 것이다. 그러나 우리는 지나치게 내성적으로 변해서 다른 사람과 영적·개인적으로 깊이 교제하는 경험을 할 수 없는 정도로까지 치닫지 않도록 주의해야 한다.

당신의 마음을 지키는 것은 다른 사람과 거리를 두거나, 누군가를 당신의 삶 속으로 들어오지 못하게 하기 위한 정당한 핑계가 아니다. 우리가 살펴본 것처럼 이 구절이 뜻하는 바는 그런 것이 아니다.

어떤 유형의 사람은 감정적이기보다는 좀 더 지적인 경향이 있다. 그것이 잘못된 것은 아니다. 사람의 성격유형은 매우 다양하며, 모두가 하나님에 의해 독특하게 만들어졌다. 그럼에도 불구하고 우리는 인간관계에 대해 걱정하는 것 이상으로 우리를 더럽히는 부패한 세상으로부터 우리를 보호하는 것에 신경을 써야 한다. 이런 맥락에서 우리는 하나님의 도움을 받아 마음을 지키도록 해야 한다.

17 장
묵시가 없으면

"묵시가 없으면 백성이 방자히 행하거니와"
_잠언 29:18

성경은 왜 이렇게 종류가 많은가? 새 성경을 사려고 서점에 갈 때마다 떠올리는 질문이다. 얇은 성경, 관주 성경, 스터디 성경, 주제별 성경 등등 정말 다양하다. 우리가 번역관, 주석에서 취한 신학적인 입장, 형태, 판형, 색깔, 가죽, 겉표지 종류, 두께 등의 세계로 들어가는 것은 바로 이 지점에서다. 당신이 어떤 성경을 말해도 그것을 찾는 일이 어렵지 않을 것이다.

새 신자는 다양한 번역본에 대해 잘 알고 있는 누군가의 도움 없이 성경을 고르려면 당황하기 십상이다. 그러나 오래 신앙생활을 한 그리스도인에게도 성경을 선택하는 일은 매우 어려울 수 있다. (개인적으로 나는 단어 대 단어로 직역한 ESV의 번역을 선호한다.)

초대교회가 접할 수 있었던 제한된 수의 성경 사본을 생각해보면,

나는 하나님의 영감 받은 말씀을 이렇게 쉽게 접할 수 있다는 이 엄청난 축복에 경탄하지 않을 수 없다. 우리는 스마트폰에 성경 전체를 저장할 수 있을 뿐만 아니라 인터넷에서도 성경에 즉시 접속할 수 있다. 그러나 이외에 종종 제기되는 좋은 질문이 있는데 그 질문은 대답할 가치가 있다. 곧 왜 항상 새로운 성경 번역본이 나오고 또 업데이트되어야 할 필요가 있는가?

여기에는 많은 이유가 있다. 그러나 가장 좋은 대답은 "언어가 바뀌기 때문"이라는 것이다. 인간의 언어는 꾸준히 움직이고 변화한다.

한 가지 사례를 들어보자. 10년 전에 내가 당신에게 다가가서 "당신과 당신 가족은 "고 그린"(go green, 친환경) 하기 위해 전구 유형을 바꾸고 있습니까?"라고 물었다고 치자. 10년 전만 해도 사람들은 그 질문을 제대로 이해하지 못하고 "도대체 무슨 말을 하는 겁니까?"라고 되물었을 것이다.

"고 그린"은 성 패트릭 축일에 얼굴을 녹색으로 칠하거나 혹은 미식축구 경기장에 노트르담 대학 팀의 티셔츠를 입고 가는 일인가?(노트르담 대학 팀의 별명은 아이리쉬 전사들이며 녹색 유니폼을 입기도 한다-역주) 아니다. 오늘날 "고 그린" 한다는 개념은 자연 자원을 (가능한 한 많이) 보존하려고 노력하면서 에너지 사용을 줄이고, 쓰레기를 최소화하고, 재활용을 장려하는 친환경적인 제품을 사용하는 것과 관련이 있다.

그러므로 "고 그린" 한다는 말은 새로운 개념이며, "그린"이라는 단어 자체는 그 문맥에 따라 여러 다양한 의미를 담을 수 있다. 사전이 꾸준히 업데이트되는 것도 바로 이런 이유에서다. 그리고 단어들이 새로운 의미를 가지게 되기도 하지만, 이전에 갖고 있던 의미를 잃거나 그것으로부터 분리될 수도 있다.

이에 대한 좋은 예로 "대화"라는 단어를 들 수 있다. 오늘날 대화는 주로 둘 이상의 사람들이 생각을 논의하거나 언어로 교환하는 것으로 이해된다. 그러나 오래전에 대화(conversation)라는 단어는 주로 한 사람의 생활양식이나 태도를 묘사하는 데 사용되었다.

예컨대 성장기의 자녀들을 관찰하면서 아내가 남편에게 "우리 아들의 대화가 지난 몇 년 동안 얼마나 변했는지를 바라보는 것은 확실히 가치가 있어요. 안 그래요?"라고 말했다고 치자. 물론 그들은 아들의 전반적인 태도와 생활방식을 말하고 있는 것이지, 아들이 말하는 내용을 가리키는 것이 아니었을 것이다. 하지만 이는 우리가 오늘날 대화라는 단어를 사용하는 방식이 아니다. 그런 용례는 왠지 우리에게는 구닥다리로 여겨진다.

이 모든 것을 고려해보면, 단어들이 변천하여 (이전의) 의미를 상실한다는 사실 때문에 성경 역본을 개정할 필요가 있는 이유를 이해할 것이다. 잘못 사용되기 일쑤인 잠언 29:18을 살펴볼 때 우리는 이런 생각을 염두에 두어야 한다.

킹제임스 성경에 있는 고어의 용례와 이해 때문에, 상당수의 사람들이 강력한 성경 구절을 잘못 이해하고 오용하고 있다. 킹제임스 성경은 지금도 믿을 만한 번역이지만, 그럼에도 불구하고 고어를 잘 모르는 현대 독자들은 전달되는 내용이 무엇인지를 개념화하는 것을 어려워한다. 지금부터 나는 킹제임스 번역본의 잠언 29:18을 제시하고 나서 그것이 진짜로 의미하는 것이 무엇인지를 설명할 것이다. 킹제임스 성경은 그 구절의 첫 부분을 다음과 같이 기록하고 있다.

> 비전이 없으면 백성이 멸망하거니와(Where there is no vision, the people perish).

당신은 이 표현에 대해서 들어본 적이 있을 것이다. 많은 사람이 킹제임스 성경을 인용하는 이유는 많은 현대의 사상과 사안들을 뒷받침하기 위해 그 표현을 사용하는 것이 편리하기 때문이다. 이 구절을 피상적으로 읽으면 **계획된 미래를 위한 비전**(vision)을 갖는 것에 대해 말하고 있는 것처럼 보인다. 즉 곧 닥쳐올 미래의 성공을 위한 계획이 없으면 우리는 반드시 실패하게 되어 있으며, 극단적인 경우에는 "멸망"하고 말 것이라는 것이다. 그러나 이 구절은 그런 의미가 아니다. 이 구절의 뜻을 설명하기 전에 먼저 비전(vision)에 대해 이야기해보자.

오늘날 비전을 갖고 있다는 개념은 다양한 영역에서 널리 사용된다. 예를 들어 미국인으로서 우리는 공직에 진출하는 정치인을 뽑을 때 국가 미래에 대한 그들의 비전을 보고 투표한다.

조금은 다르지만 기업의 리더는 자기 자리에서 회사가 지금부터 5년, 10년, 혹은 20년 후에 어떻게 되고 또 어디에 있기를 원하는지

구상해야 한다. 그런 다음 꿈꾸는 미래를 실현하기 위한 구체적인 전략과 전술과 더불어 미래의 비전 진술서를 작성한다. 오늘날은 교회도 비전을 갖고 있다고 말하며, 교회 프로그램과 활동은 명확하게 규명된, 원하는 목적을 달성하는 데 초점을 맞춘다.

그러므로 얼핏 볼 때 비전이 필요하다는 생각을 지지해줄 수 있는 성경 구절을 발견하면, 즉각적으로 그것을 가져다가 사용하고 싶은 유혹을 느낀다. 비전을 토대로 한 이런 종류의 전략적 계획을 보장해주는 성경 구절을 발견하는 것은 정말 멋진 일이 아닌가? 아마도 그럴 것이다. 그러나 사실 **이** 구절을 **그런** 방식으로 사용하는 것은 아주 큰 문제가 있다.

쉽게 말해 이 구절은 미래의 전략적 계획에 대해 말하고 있지 않다. 이 구절을 가져다가 그런 생각을 뒷받침하고 싶은 유혹을 느낄지 모르지만, 그것은 저자의 의도를 왜곡하는 것이 된다. 이 구절이 진짜로 말하려는 것이 무엇인지 알기 위해 당신이 할 일은 성경의 다른 번역본을 보는 것이다. 이제 잠언 29:18의 다른 번역본들을 잠깐 비교해보자.

비전이 없으면 백성이 멸망하거니와(킹제임스 성경).

묵시가 없으면 백성이 방자히 행하거니와(Where there is no revelation, the people cast off restraint; 뉴킹제임스 성경과 NIV 1984).

예언자적 환상이 없으면 백성이 방자히 행하거니와(Where there is no prophetic vision, the people cast off restraint; ESV).

이런 식으로 비교해보면 보다 최근에 번역된 성경들은 이 구절의 의미에 대해 킹제임스 성경이 말하는 것과는 상당히 다른 개념을 갖고 있다는 것을 분명히 볼 수 있다. 킹제임스 성경 외의 번역본들이 마치 다른 구절을 인용하고 있는 것처럼 보일 정도이지만 실은 그렇지 않다. 나는 다른 번역본들이 히브리어 원문에서 전달하고자 하는 의미를 더 잘 전해준다고 생각한다.

우선 (1984년판) NIV 성경을 보자. NIV는 "묵시가 없으면 백성이 방자히 행하거니와"라고 말한다. 아마도 전체 문맥 안에서 그 구절을 보면 훨씬 더 도움이 될 것이다.

묵시가 없으면 백성이 방자히 행하거니와 율법을 지키는 자는 복이 있느니라.

이 구절은 하늘로부터 우리에게 내려온 **하나님의 신성한 계시**에 대해 논하고 있다. 이것은 하나님이 초자연적인 계시를 통해 인류에게 말씀하기로 선택하신 방법에 대한 것이다. 그 계시는 하나님이 옛 예언자들과 사도들에게 직접 주신 것이며, 그들은 우리를 위해 그것을 기록했다. 이것이 오늘날 우리가 갖고 있는 성경이다.

그러나 400년 전 킹제임스 성경이 처음 나왔을 때, 17세기 영국에서 성경을 영어로 번역한 사람들은 하나님이 백성에게 주신 초자연적인 말씀을 가리킬 때 "계시"라는 단어보다 "비전"(환상)이라는 단어를 사용하기로 했다. 비전은 원래 히브리어 성경을 적절하게 번역한 것이었다. 왜냐하면 하나님은 비전(환상)과 꿈, 신탁을 사용해서 예언자들에게 말씀하셨기 때문이다. 그리고 당시의 독자층은 그 "비전"이 "계시"를 의미한다고 이해했을 것이다.

그러나 현대 미국 문화에서 "비전"이라는 단어는 훨씬 더 많은 의미를 담고 있다. 그것은 한 사람의 시력을 가리킬 수도 있고, 신적인 계시의 초자연적 체험을 가리킬 수 있으며, 내가 말했던 것처럼 사업이나 회사의 장기적·전략적 목적과 계획을 가리킬 수도 있다.

바로 이 지점에서 문제가 생길 수 있다. 잠언 29:18의 잘못된 적용은 우리가 (사업 계획을 갖는 것과 같은) 비전이라는 단어의 현대 용례를 마구잡이로 가져다가 성경 저자의 원래 의도와 완전히 동떨어진 방식으로 본문에 부당하게 도입할 때 일어난다. 이 구절을 잘못 해석하고 오용할 때 일어났던 일이 바로 이런 것이다. 이 구절은 문맥과 분리되어 기업의 비전(심지어 교회의 비전)이라는 현대적인 개념을 뒷받침하기 위해 잘못 사용되고 있다.

킹제임스 성경을 개역한 뉴킹제임스 성경이 완전히 새로운 단어를 선택했다는 것은 매우 흥미롭다. 뉴킹제임스 성경은 "비전"이라는 단어 대신 "계시"(혹은 묵시; revelation)라는 단어를 사용한다. 성경 개역을 이행하고 감수했던 학자들이 종종 이 구절과 관련된 혼동을 피하고자 했던 것은 아닌가 싶다.

그렇다면 하나님의 계시가 없으면 사람들이 방자하게 행동한다는 말은 무슨 의미인가? 나는 이에 대해서 좀 더 구체적인 생각과 관련 사례를 제시해보려고 한다.

그리스도인으로서 우리가 규칙적으로 성경을 읽고 연구할 때, 성령님은 그 훈련을 통해 우리를 믿음 안에서 세워주시고 또 강하게 만들어주신다. 우리 정신이 하나님의 말씀의 진리로 무장할 때, 우리는 좀 더 하나님처럼 생각하는 법을 배운다. 더욱이 성령님은 하나님의 말씀의 능력을 사용해서 우리가 죄를 이기고 승리할 수 있도록 도와준다. 시편 119:11은 "내가 주께 범죄하지 아니하려 하여 주의 말씀을 내 마음에 두었나이다"라고 말한다.

이것이 의미하는 것은 하나님의 말씀이 우리 마음에 확고하게 자리 잡을 때, 그 말씀은 우리로 하여금 옳고 그름을 분별하게 해주며, 우리가 죄를 짓고 싶은 유혹을 받을 때마다 절제할 수 있도록 해준다는 것이다. 하나님의 말씀에 귀를 기울이고 그 말씀에 순종할 때 그것은 보호 능력을 갖는다고 말할 수 있다. 하나님의 말씀은 우리를 악한 생각과 태도로부터 지켜주며, 윤리적 경계선을 형성하도록 도와줌으로써 하나님을 기쁘시게 하는 삶을 가르쳐준다.

반면 우리의 삶 속에 하나님의 말씀이 무시되거나 결여되어 있을 때, 옳고 그름을 분별하고 절제할 수 있는 능력은 제한되거나 없어진다. 우리는 반드시 실패하고 죄의 습관에 빠져들게 되어 있다. 잠언의 저자가 "묵시[예언자적 계시]가 없을 때 백성이 방자하게 행한다"고 말했을 때 의미했던 것이 바로 이것이다. 그러나 "율법[하나님의 말씀]을 지키는 자는 복이 있다."

잠언의 이 말씀이 오늘날 우리 문화 속에서 어떻게 적실성을 갖는지 한 가지 사례를 들어보자. 창세기는 인간이 남자나 여자나 공히 하나님의 형상으로 만들어졌다는 것을 가르쳐준다. 이것은 우리 모두가 내재적인 가치를 갖고 있고 생명은 신성하다는 의미다. 그러므로 우리는 그것을 보호하고 보살피기 위해 할 수 있는 모든 일을 해야 한다. 그런데 여기서 다음과 같은 질문이 자연스럽게 떠오른다. 이 생명은 언제 시작되나? 우리가 태어나는 순간인가? 아니면 그보다 더 먼저인가? 다행히도 성경은 명확한 대답을 갖고 있다.

시편 51편에서 다윗 왕은 자신의 죄를 고백하면서 심오한 진술을 했다. 우선 그는 자신이 죄인이라는 사실을 인정했다. 더 나아가 그는 **자기 어머니가 그를 잉태**했을 때부터 죄인이었다고 말한다. 이것은 심오하며 중요하다. 왜냐하면 이 말은 생명이 시작되고 한 인간이 되는 것은 틀림없이 우리가 잉태된 순간에 일어난다고 가르치기 때문이다. 적어도 그것은 성령의 감동을 따라 말했던 다윗이 생명을 이해했던 방식이다.

그렇다면 이 말씀은 인공유산의 문제를 논할 때 우리로 하여금 무엇이 옳고 그른지, 그리고 왜 우리가 절제를 해야 할 필요가 있는지를 분별하는 데 도움을 준다. 생명은 정자와 난자가 수정이 된 순간에 시작하므로 인공유산은 내재적으로 신성한 한 생명을(그 생명이 어떤 "단계"에 있든 상관없이) 죽이기에 잘못된 일이다. 그것은 하나님의 형상으로 창조된 생명이며, 당신과 나와 다른 점은 오직 그 생명이 위치한 장소(자궁)와 그 발달 단계뿐이다. 이런 차이점 외에 태아는 살아 있는 영혼이다.

하지만 성경의 가르침을 알지 못하는(혹은 알려고 하지 않는) 사람들은 그런 신념을 갖거나 인공유산을 하지 말아야 할 이유가 없다. 이것은 잠언 말씀을 본질상 예언적으로 만든다. 왜냐하면 실제로 이것은 하나님의 말씀을 전혀 존중하지 않고 윤리적인 절제에 관심이 희미해진 오늘날의 세속적인 사회상을 묘사하고 있기 때문이다. 성경이 기록된 지 수천 년이 지났지만 여전히 오늘날 인간의 죄악 된 본성에 대해 묘사하고, 또 그 죄악 된 인간에게 적용되는 말씀을 하는 것을 보면 너무나 놀랍다.

결론적으로 말하면, 올바르게 이해하고 적용된 성경은 우리를 보호하고, 우리의 윤리적인 경계를 정해주며, 우리로 하여금 죄의 습관에 빠지지 않도록 도와준다. 성경은 우리에게 옳고 그름을 가르쳐주며, 모든 일에 하나님을 기쁘시게 하기 위한 분별력을 갖도록 도와준다. 진실로 하나님의 율법을 믿고, 지키고, 따르는 사람은 복이 있다. 그렇게 하는 사람은 생명을 경험한다.

좋은 사업계획과 회사의 비전을 개발하는 것은 고귀한 일이다. 그러나 그것은 잠언 29:18을 근거로 세워지거나 실행될 수는 없다. 우리는 우리가 추구하는 목적을 뒷받침해주지 않는 본문에 우리 자신의 관심사와 생각을 투사해서 읽지 않도록 조심해야만 한다.

18 장
주 예수 이름 높이어

"내가 땅에서 들리면 모든 사람을 내게로 이끌겠노라."

_요한복음 12:32

때로 "딱 맞는" 것처럼 보이는 성경 구절을 인용하고 싶은 강한 유혹을 느낀다. 자, 이제 그것에 대해 살펴보자.

나는 친필로 쓴 편지를 몹시 좋아한다. 컴퓨터와 복사기, 팩스와 전자우편 및 페이스북 메시지의 시대에, 사랑하는 사람의 독특한 필체를 보는 특권은 너무도 빠르게 사라지고 있다. 그러나 그 안에는 매우 사적이고 의미 깊은 무언가가 있다. 당신은 전체를 직접 손으로 쓴 편지를 마지막으로 받아본 것이 언제인가? 설령 기억하지 못한다 해도 전혀 놀랍지 않다.

대학생 때 내가 어떻게 지내고 있는지를 부모님께 말씀드리기 위해 편지를 보냈던 기억이 난다. 그때 나는 편지 맨 마지막에 내 이름을 **타이핑** 해서 보내는 실수를 했다. 그러자 어머니는 따끔하게 한 말씀 하셨다. "얘야, 나는 네가 이름을 직접 써서 보낸 것을 보고 싶구나." 나는 아직도 어머니의 목소리가 생생하게 들리는 것 같다. 아마도 어머니는 내 편지가 무성의하고 친밀함을 잃게 될까 봐 손글씨를 고집하셨던 것 같다. 나는 어머니가 옳았다고 생각한다. 나는 오늘날 전자우편과 쪽지, 문자가 사람들 사이의 교제를 그런 식으로 만든 것 같아 걱정된다.

사랑하는 사람들에게 직접 쓴 편지를 보내는 것이 중요하기 때문에 전자우편을 보내지 말아야 한다고 강력하게 주장한다고 가정해 보자. 이 명분을 뒷받침해줄 수 있는 성경 구절을 발견할 수 있다면 정말 멋진 일이 아니겠는가? 흥미롭게도 사람들이 성경을 잘못 사용할 때 곧잘 범하는 일이 이것이다. 그들은 한 가지 계획이나 주장을 정한 후 성경에서 그들이 주장하려고 하는 점을 지지하거나 그것과 일치하는 것처럼 보이는 구절을 찾아내려고 애를 쓴다.

이 접근 방법이 정당한 것이라면(나는 **그렇지 않다**고 주장한다), 내가 내 주장을 뒷받침하기 위해 끄집어낸 것이 여기 있다. 그것은 바울이 그의 편지 중 일부를 끝맺는 말이며, 내가 주장하고자 하는 바와 일치하는 것처럼 보인다. 다음과 같이 교묘하게 발췌된 구절들을 보라.

내 손으로 너희에게 이렇게 큰 글자로 쓴 것을 보라(갈 6:11).

평강의 주께서 친히 때마다 일마다 너희에게 평강을 주시고 주께서 너희 모든 사람과 함께하시기를 원하노라. 나 바울은 친필로 문안하노니 이는 편지마다 표시로서 이렇게 쓰노라(살후 3:16-17).

모든 형제도 너희에게 문안하니…나 바울은 친필로 너희에게 문안하노니(고전 16:20-21).

이 구절들에서 바울이 무엇을 하고 있는지를 주목하는 것이 중요하다. 바울은 종종 그의 편지를 구술했지만, 편지의 진정성을 입증하기 위해 혹은 개인적으로 인사말을 하기 위해서(골 4:18도 보라) 이따금씩 직접 펜을 들고 서명을 하곤 했다. 그는 친필편지를 쓰라는 성경적인 주장을 하고 있는 것이 아니다. 왜냐고? 당시 그들이 갖고 있던 것은 오직 친필편지뿐이었기 때문이다.

그러므로 내가 이 구절을 문맥에서 뽑아내어 전자우편을 없애고 친필편지의 시대로 되돌아가자는 개인적인 안건을 뒷받침하려는(물론 나는 그런 안건을 내세우지 않는다) 것은 매우 부자연스러울 뿐 아니라 지나치게 억지를 부리는 일이 될 것이다. 그러나 오늘날 성경이 이런 식으로 오용되는 일이 있다.

이번에는 예배를 인도하면서 성경을 잘못 인용하는 또 다른 경우를 생각해보자. 인용 구절은 요한복음 12:32이다.

내가 땅에서 들리면 모든 사람을 내게로 이끌겠노라.

예수 그리스도가 친히 하신 이 말씀은, 표면적으로는 하나님의 백성이 모여서 예배할 때, 찬양을 통해 "주 예수의 이름을 높이려는" 지나친 열정을 가진 예배 인도자의 목적에 적합해 보인다.

정확히 말하자면, "높인다"는 말은 성경에서 성서적 예배를 다룰 때 흔히 사용하는 표현이다. 예를 들어 이사야 24장에서 우리는 주님이 땅을 심판하실 때, 구속받은 자가 "소리를 높여 [기쁨의 노래를] 부를 것"(사 24:14)이라는 말씀을 본다. 시편 25:1에서 다윗은 "여호와여, 내가 주님께로 내 영혼을 높이 들어 올립니다"(한글 성경은 "여호와여, 나의 영혼이 주를 우러러보나이다"로 번역되어 있다-역주)라는 말로 시작한다. 그리고 히브리인들은 예루살렘으로 예배드리러 올라갈 때, "내가 산을 향하여 눈을 들리라 나의 도움이 어디서 올까? 나의 도움은 천지를 지으신 여호와에게서로다"(시 121:1-2)라고 노래하곤 했다.

신약에서는 바울이 디모데에게 예배에 대한 지침을 주는 가운데 "그러므로 각처에서 남자들이 분노와 다툼이 없이 거룩한 손을 들어 기도하기를 원하노라"(딤전 2:8)라고 말했다. 달리 말하면 싸움을 위해서나 분노를 표출하기 위해 손을 드는 대신, 바울은 남자들이 거룩한 삶을 살며, 하나님을 향해 그들의 손을 들어 기도하기를 원했다.

더욱이 시편은 우리에게 하나님의 이름에 합당한 "영광을 돌리고"(시 29:2), "여호와를 광대하시다 하며…그의 이름을 높이라고"(시 34:3) 말한다. 우리는 "그의 이름의 영광을 찬양"(시 66:2)해야 한다. 계속 열거하자면 한이 없겠지만 전반적인 개념은 다음과 같다. 비유적으로 말해서, 신자들은 마음과 생각으로 하나님을 찬양하며 경배를 드릴 때 그분의 이름을 "높여야" 하며, 이것은 교회가 예배 모임에서 당연히 해야 하는 것이다.

그러나 요한복음 12:32을 사용할 때는 주의해야 한다. 왜냐하면 12장의 문맥을 보면, 예수님은 죽음을 일주일 정도 앞두고 계셨고 지상 사역이 종반부에 다다르고 있었다. 예수님은 자신의 운명을 익히 알고 있음에도 불구하고, 자신에게 닥칠 일로 인해 인간으로서 그의 영혼은 큰 고통을 받고 있었다. 그러나 예수님은 자신이 인류의 죄를 대속하기 위해 십자가로 갈 때, 앞에 있는 악을 이기고 승리할 것을 잘 알고 있었다. 예수님은 악에 대한 심판과 사탄의 패배와 모든 믿는 자를 확실하게 구원하는 승리를 말씀하신다(요 3:14-15을 참조).

이 후자의 개념이 요한복음 12:32에 요약되어 있는 내용이다. 예수님의 말씀을 다시 읽어보자.

> 내가 땅에서 들리면 모든 사람을 내게로 이끌겠노라.

요한은 바로 다음 구절에서 "들린다는 것"이 예수님의 죽음의 방식인 십자가 처형을 가리키고 있음을 말해준다. 요한은 각주 형식으로 "이렇게 말씀하심은 자기가 어떠한 죽음으로 죽을 것을 보이심이러라"(33절)고 말하고 있다. 그러므로 "들린다"는 것은 십자가에 매달리는 것과 동일하다. 예수님은 요한복음의 앞부분에서 이 개념에 대해 다음과 같이 말씀하셨다.

> 모세가 광야에서 뱀을 든 것같이 인자도 들려야 하리니 이는 그를 믿는 자마다 영생을 얻게 하려 하심이니라(요 3:14-15).[1]

따라서 "들린다는 것"은 그리스도의 십자가 처형과 관련이 있으며, 이 십자가 처형은 분명히 십자가라는 방법을 통해 얻어지는 그분의 부활과 영광의 승천을 내다보고 있다. 예수님이 "모든 사람을" 자신에게로 이끄는 것은 요한복음 기사의 공통적인 주제다(6:44을 참조). 그것은 모든 족속·방언·열방(유대인과 이방인 모두)의 사람들을 다 예수님 자신에게로 이끄는 것을 의미한다. 그리고 그것은 십자가상에서 그분이 이루신 위대한 일(대속의 희생)을 통해서 이루어진다.

그러므로 요한복음 12:32이 십자가의 죽음과 관련해 예수님이 "들려 올려진다"고 말한다면, 우리는 예배 때 그분을 높이고 찬양하라는 증거 본문으로 그것을 사용하는 것에 주의해야 한다. 우리는 예배를 드리면서 거듭 예수님을 "십자가에 매달려고" 하지 않는다. 우리의 의도가 찬양으로 그분께 영광을 올려드리는(혹은 그분의 이름을 높이 올리는) 것이라면, 그 목적을 위해 사용할 수 있는 다른 구절이 여러 개 있다. 그러므로 이 경우는 "옳은 생각, 틀린 구절"이라고 자신 있게 말할 수 있다.

사실대로 말하자면, 고상한 의도를 갖고 있을 때라도 이런 식으로 성경을 잘못 이용하기 쉽다. 그리고 이 구절이 마치 예배 인도자의 생각이나 목적을 뒷받침해주는 것처럼 보인다 해도, 그 목적에 가장 적합한 성경 구절은 아니다. “딱 맞는” 것처럼 보이는 성경 구절을 인용하는 것은 종종 정말로 유혹적이다.

19장
결론

성경을 올바르게 사용하며 조심스럽게 분별하라.

사도 바울은 젊은 제자이자 후학인 디모데에게 사역을 맡기면서 복음 사역은 하나님의 말씀 위에 세워져야 한다는 점을 명확히 했다. 성경 외의 어떤 것도 복음 사역의 기초가 되어서는 안 된다. 왜냐하면 말씀이 없는 사역은 기독교가 아니며 다른 것으로 변질되기 때문이다.

바울은 하나님이 우리에게 주신 계시인 하나님의 말씀 그 자체에 능력이 담겨 있다는 점을 디모데에게 재차 확인시켰다.

> 모든 성경은 하나님의 감동으로 된 것으로 교훈과 책망과 바르게 함과 의로 교육하기에 유익하니 이는 하나님의 사람으로 온전하게 하며 모든 선한 일을 행할 능력을 갖추게 하려 함이라(딤후 3:16-17).

디모데가 탁월함을 유지하고 그의 삶과 소명을 철저히 준비할 수 있는 능력은 하나님의 말씀을 항상 의지하고 또 그것에 충실할 때 가능하다. "하나님의 감동으로" 기록되고 오류가 없는 말씀은 교훈, 책망, 바르게 함, 의로운 삶, 경건함을 훈련하기에 유익하다. 그리고 바울은 디모데가 말씀을 조심스럽게 다룰 것을 신신당부했다. 왜냐하면 말씀은 (히 4:12과 같은 다른 곳에서도 증언된 것처럼) 강력한 무기이기 때문이다.

바울은 디모데가 자기 책무를 잘 해낼 수 있다는 것을 보여주고자 하는 열심으로 가득하기를 원했다. 결국 디모데에게 책임을 묻는 분은 하나님이시기 때문이다. 디모데가 말씀을 선포하고 가르쳤던 대로, 그는 "진리의 말씀을 옳게 분별해야" 했다(딤후 2:15). 달리 말하자면 그는 하나님의 말씀을 "올바로 이해하기" 위해 정확하게 연구하고, 가르치고, 선포해야 하는 것이다.

건축가들은 건축계획이 조금이라도 잘못 되면 설계 전체가 어긋난다는 것을 안다. 그것은 하나님의 말씀을 다루는 데도 마찬가지다. 하나님의 말씀을 올바로 읽고, 이해하고, 해석하고, 적용하려고 노력하는 것은 매우 중요하다. 그렇지 않을 경우 많은 사람의 생명이 위험에 처한다.

잘못된 적용으로 이끄는 일반적인 실수들

이 책 전반에 걸쳐 우리는 성경을 적절하게 해석하고 적용하기 위해 피해야 할 실수와 지켜야 할 중요한 원칙을 살펴보았다. 실수의 경우, 부분적이나 피상적으로 읽는 것만으로는 충분치 않으며, 문맥 전체를 읽지 않고 특정한 구절을 따로 떼어내면 그 본문을 아주 잘못 읽는 결과가 초래될 수 있다. 이것은 "눈에는 눈"이라는 구절이 예수님 당대에서조차도 얼마나 오용되었는지를 쉽게 설명해준다.

나아가 성경을 해석하기 위해 성경을 사용하는 것이 중요하다. 앞서 언급했듯이, 하나님은 모순된 분이 아니기 때문에 하나님의 말씀 역시 결코 모순되지 않는다. 하나님은 혼란을 유발하는 저자가 아니다. 그래서 한 해석이 다른 곳에서 말하고 있는 신학적인 내용과 일치하지 않으면 우리는 그것이 올바른 해석이 아니라는 것을 알 수 있다.

또한 우리는 한 본문을 우리가 원하는 대로 "작동"하도록 만들거나, 우리가 말하고자 하는 것을 "말하게 만들고" 싶은 유혹을 이겨내야만 한다. 많은 사람들이 이 유혹에 넘어갔고, 그들이 보고 싶어하는 것을 성경 속으로 투사해서 읽어왔다. 당신은 히틀러가 유대인들을 비난하기 위해 예수님의 말씀을 멋대로 가져다 사용했을 때 자행했던 일이 이와 같은 것이었음을 기억할 것이다. 히틀러는 바리새인들의 위선과 해악을 비난했던 예수님의 말씀을 문맥으로부터 데어내 유대인 전체에게 잘못 적용했다. 그 이유는 간단하다. 히틀러는 성경이 그렇게 말해주길 원했던 것이다. 이런 접근방법은 본문의 의미를 끌어내려고 하지 않고, 오히려 그 본문이 갖고 있기를 바라는 의미를 본문 안으로 "집어넣으려고" 한다.

또한 우리는 본문을 잘못 인용하는 데서(예를 들어 "돈은 일만 악의 뿌리이니") 오는 위험도 보았다. 성경 구절을 인용할 때 (단어를) 추가하거나 혹은 앞의 경우처럼 **빼는 것**은 매우 중대한 문제다. 기억하다시피, 이런 유형의 성경 왜곡은 창세기에서 뱀이 아담과 하와를 속였던 방법이다.

마지막으로 복음을 충분히 이해하지 못하고 끌어낸 의미를 다른 본문에 덧입히는 것을 주의하라. 복음은 우리가 이 땅에 사는 동안 항상 건강하고, 부유하고, 번영을 누릴 것이라고 결코 약속하지 않았다. 복음은 인간적인 방식으로 혹은 지금 우리에게 "좋은" 것이라고 생각하는 것을 따라 우리가 규정하는 축복을 약속하지 않는다. 그래서 (물질적인 의미에서) "당신을 성공하게 해준다거나" 혹은 (육체적인 의미에서) "아픈 사람을 낫게 해줄" 계획은 다음 생에 이르기까지 완전히 실현되지 않을 수도 있다.

신실한 임무

성경을 해석하고 적용함에 있어, 우리가 바라는 것은 어떤 문제에 대한 하나님의 마음을 발견하는 것이다. 본문을 적용할 수 있는 방법은 다양할 수 있지만, 그 본문의 적절한 해석은 오직 하나다. 대학 시절에 나는 동기들의 기숙사 방에서 열린 "성경 공부"에 여러 개 참석했었다. 나는 선한 의도를 가진 신자들이 둘러앉아 이 구절이나 저 구절이 "내게 의미하는" 것을 놓고 토론을 벌이는 모습을 지켜보았던 기억이 아직도 생생하다.

하지만 불행하게도 이 모임은 그저 무지의 온상이 되었으며, 건전한 해석적 원칙을 희생하는 대신 개인의 주관성이 지배하는 장소가 되었다. 바른 질문은 "이 성경 구절이 나에게 의미하는 것이 무엇인가?"가 아니라 "저자의 원래 의도는 무엇이었으며, 이 말씀을 최초로 들었던 청중은 그것을 원래의 문맥 안에서 어떻게 이해했는가?"가 되어야 한다. 이것을 발견하고 난 후에야 비로소 "그렇다면 이 본문 안에 담겨 있는 성경적 원칙이 시간을 초월하여 오늘날 나에게 어떻게 적용되는가?"를 물을 수 있다.

우리 모두는 어떤 본문을 해석할 때 고루한 생각과 편견을 가지고 접근한다. 우리는 우리 삶의 경험과 교육에서 비롯된 전제를 갖고 있으며, 이러한 전제는 우리가 본문을 읽어나가는 데 있어 여과기 역할을 한다. 엄밀히 말해 어느 누구도 여기서 예외가 될 수 없다. 따라서 우리의 편견이 무엇이고, 그 편견이 어떻게 우리 관점에 영향을 주는지를 알고 있는 것은 적절한 해석과 적용을 위해서 결정적이다.

적합한 해석의 출발점이 성경 말씀의 문맥을 발견하는 것이라는 점이 지금쯤이면 명확해야 한다. 이 문맥은 문학적인 것으로부터 역사·문화적인 것, 그리고 문법적인 것까지 다양하다. 어떤 본문의 의미를 파악하기 위해서는 특정 단어의 의미, 문법적 관계, 문학적 장르를 이해하는 것이 필수적이다.

예를 들어 잠언은 문학적으로 다른 책들과 확연히 구별되는 독특한 양식을 지니고 있다. 따라서 우리가 그 안에 담긴 진리를 적절하게 해석하고 적용하기 위해서는 그 양식에 대해 잘 알고 있어야만 한다. 앞서 논의 했던 대로 잠언의 특성은 그것이 명확한(혹은 절대적인) 약속이 아니라 일반적인 원칙이라는 점이다. 더욱이 예언, 시, 내러티브, 비유, 서신, 묵시문학 등은 서로 큰 차이가 있기 때문에, 각 장르의 독특한 특성을 숙지하는 것이 좋다.

문맥 안에서 성경을 읽는 것을 배우기 위해서는 먼저 본문을 문자적으로 읽는 것부터 시작하라. 은유적인 언어가 사용되고 있다는 것이 분명하지 않으면, 당신이 알지 못하는 단어의 의미나 낯선 비유적 표현의 의미를 찾아보면서 각 절의 명백한 의미를 이해하려고 노력하라.

특정 본문과 인접한 문맥은 주변 구절에서 발견되는 사고의 흐름을 살펴봄으로써 발견할 수 있다. 더 넓게는, 그 구절이 포함된 장이나 책 전체를 보면 해석을 위한 추가적인 관점을 얻게 된다. 또한 누가, 무엇을, 언제, 어디서, 왜와 같은 기본적인 질문을 던짐으로써 저자의 원래 의도를 확인하는 데 도움이 되는 연구방법을 얻게 될 것이다.

본문 자체를 둘러싸고 있는 역사적 배경과 문화적 특징들을 이해하는 것도 중요하다. 예를 들어 사람들의 세계관, 가족 구성, 정치적 분위기, 경제적 조건, 지리적 양상, 관습들을 발견하는 것은 해석을 도와주는 여러 영역들 중 일부다.

지금은 다양한 종류의 스터디 성경을 쉽게 구할 수 있다. 이런 성경은 각 책의 저자, 시기, 장소, 목적, 주요 주제에 대해서뿐 아니라 다른 정보도 많이 제공해준다. 나는 평신도들에게 『ESV 스터디 바이블』(*English Standard Version Study Bible*)을 적극 추천한다. 이 성경은 거의 정보의 홍수라고 할 수 있다. (훌륭하고 믿을 만하며 본질적으로 문자적인 번역은 말할 것도 없고) 앞뒤 참조, 지도, 주석, 색인 등 장점을 열거하자면 한이 없다.

오늘날 우리는 성경 사전, 주석서, 조직신학, 표본조사, 어휘사전 등 어느 때보다 더 많은 자료를 갖고 있다. 수많은 온라인상의 자료들 역시 쉽게 접할 수 있다. 그러나 이 부분에서는 신중을 기해야 한다. 당신이 잘 알고 있는 대로, 인터넷에서 읽는 모든 것을 다 믿을 수는 없다.

이외에도, 성경을 읽고 연구하는 것은 적합한 해석뿐만 아니라 적절한 적용까지도 포함한다는 점을 이해하는 것이 중요하다. 성경은 우리에게, 하나님과 우리를 포함하여 인류 전체를 위한 하나님의 놀라운 구원의 계획에 대해 가르치는 것을 목적으로 한다. 하나님은 그분의 말씀을 통해 우리를 변화시키려고 하신다. 하나님의 말씀은 살아 있고 운동력이 있다. 또한 우리의 생각을 형성하고, 우리의 마음을 변화시키며, 우리로 하여금 성장하게 한다. 시간을 초월하는 말씀의 원칙을 이해하고 적용하는 것은 믿음의 사람이 되고 예수 그리스도를 따르는 사람이 된다는 의미의 일부분이다. 그러나 신자는 어느 누구도 말씀을 해석하고 적용하도록 도와주시는 성령을 의지하지 않으면 이 일을 성공적으로 할 수 없다. 우리를 이끌어 "모든 진리 가운데로 인도하시는"(요 16:13) 것이 성령의 독특한 역할이기 때문이다.

우리가 말씀을 읽을 때, 이해를 돕고 조명하며 변화시키는 성령을 겸손하게 의지하는 것은 스스로를 제자라고 말하는 사람이 신실하게 사는 데 필수적 요소다. 왜냐하면 우리 안에 거하시는 성령은 성경 전체에 영감을 준 바로 그 영이기 때문이다. 그리고 우리가 죄를 버리고, 우리 마음을 내맡기고, 성령으로 충만할 때, 우리는 점점 더 그의 진리의 말씀으로 젖어들고, 무장되고, 지혜로워질 것이다(딤후 3:15).

우리가 "말씀의 사람"이 되는 것은 그리스도가 항상 바라시는 것이다. 예수님이 다음과 같이 말씀하셨기 때문이다.

> **너희가 내 말에 거하면 참으로 내 제자가 되고** 진리를 알지니 진리가 너희를 자유롭게 하리라(요 8:31-32).

그렇다면 내주하시는 성령님을 의지하여 하나님의 말씀을 해석하고 적용하는 데 도움을 달라고 **하나님께 기도로 간구하는 것**이 우리를 향한 하나님의 뜻이다. 나아가 규칙적으로 성경 말씀을 읽고, 공부하고, 적용하는 다른 신실한 신자들과 함께 지속적으로 교제하는 일 역시 필수적이다. 왜냐하면 성경은 건전한 해석방법이 사용되는, 성령 충만한 믿음의 공동체 안에서 가장 잘 이해되고, 해석되고, 적용되기 때문이다.

최종적으로 나는 당신이 건전하고 성경적인 강해 설교의 가치를 이해하기를 바란다. 하나님의 말씀이 신실하게 설교되는 교회에서는, 성경 말씀을 문맥 안에서 충실하게 해석하고 적용하는 우리의 능력이 기하급수적으로 향상될 수 있다. 강단 사역은 각 교회의 문화를 형성하는 데 도움이 되며, 강해 설교를 통해서 그리스도인의 삶의 중심이며 자양분이 되는 하나님의 말씀에 가치를 두게 된다.

하나님의 말씀은 진리다. 그리고 우리는 그의 진리로 거룩해진다(요 17:17). 그것은 하나님의 소중한 선물이다. 하나님께서 모든 것 안에서 영광을 받으시도록, 우리가 성경 말씀을 신실하고 적절하게 사용하는 것을 배우게 해달라고 기도하기를 바란다. 왜냐하면 만일 오늘 그분이 다시 오신다면, 그분은 우리가 신실한 자로 인정되기를 원하시기 때문이다.

/ 주 /

1장

1. 1922년 4월 12일 독일 뮌헨에서 아돌프 히틀러가 한 연설이며 www.humanitas-international.org/showcase/chronography/speeches/1922-04-12.html에서 볼 수 있다. 이 연설에서 히틀러가 자신을 그리스도인으로 간주했다는 사실은 너무나 놀랍고 역겨운 일이다.
2. 누구도 아무런 편견 없이 완전히 객관적으로 성경 본문을 대하지는 못한다. 그렇지만 우리는 교회가 옛날부터 성경을 이해해온 방식에 비추어 우리가 발견한 것을 점검하면서, 성경이 우리에게 제시해주는 그대로 해석하는 적합한 방법을 사용하려고 노력해야 한다. 우리는 그리스도의 몸에 큰 해를 끼치지 않기 위해 “양날의 칼”(히 4:12)로 간주되는 말씀을 조심스럽게 다루어야 한다. 옳은 해석방법을 사용하는 동시에 성령의 내적인 증거와 그리스도인 공동체의 분별의 영이 적절하게 어우러질 때, 우리는 성경 본문의 타당한 의미를 발견하며 그것을 우리 삶에 적용할 수 있다고 확신할 수 있다.
3. 금지명령을 더 확고히 하기 위한 방법으로 아담이 하나님의 명령에 그것을 추가했을 것이라고 추정할 수도 있다. 그러나 이것은 추측에 불과하다.

2장

1. 마크 데버(Mark Dever), 『성경적 교회 원칙』(“Biblical Church Discipline”, *The Southern Baptist Journal of Theology*, Vol. 4, No. 4. Winter 2000), 39. 데버는 “우리

시대에 마태복음 7:1에 대한 잘못된 해석이 죄를 가리는 방패가 되었으며, 우리로 하여금 초기교회 공동체 같은 삶을 살 수 있는데도 그렇게 하지 못하도록 막은 것은 아닐까?" 라고 쓰고 있다.

3장

1. 바울은 디모데후서 4:3-4에서 이와 유사한 거짓 교사들에 대해 디모데에게 경고했다.

5장

1. 그러나 사도("보냄 받은 자들")인 그들은 하나님의 독특한 메신저로서의 권위를 보여주는 증거로 초자연적인 표적과 기적들을 수행하도록 그리스도에게 특별히 위임받았으며, 그것이 그들이 선포했던 복음의 메시지가 진짜라는 것을 입증해주었던 것은 사실이다(고후 12:12 참조).
2. 의심한 여지없이 이것은 내주하는 성령의 임재와 영향력에 기인한 것이다. 내주하는 성령의 역할은 그들의 생각을 조명해주고, 가르쳐주고, 그들에게 예수님이 가르쳤던 진리들을 기억나게 해주는 것이다(요 14:26).

6장

1. 그리스도가 돌아오기 전에 죽은 신자들은 그들의 영혼이 주님의 임재 안으로 들어갈 때(도덕적으로는 그리스도처럼 완벽하게) 완전히 성화될 것이 확실하다. 그러나 우리는 그리스도가 돌아오실 때 일어날 육체의 부활을 기다린다. 그때가 되어야 우리는 몸과 영혼 모두가 영화롭게 되었다는 말을 자신 있게 할 수 있다.
2. 이것을 직접적으로 다루지 않겠지만, 바울이 그리스도를 믿는 사람들을 하나님이 **미리 아셨고 미리 정하셨던** 사람들로 정의했다는 사실은 흥미롭다. 이것은 하나님이 세상을 창조하기 전부터 우리의 선을 위해서 일하고 계셨다는 것을 말해준다.
3. 그러나 하나님이 정의하는 선이 전부 우리에 대한 것이라고 생각하지 않으려면, 우리는 하나님을 영화롭게 하고 그분의 나라를 확장시키는 것은 어떤 것이든 선하다고 부를 수 있음을 기억해야 한다. 이것은 또한 우리의 변화를 포함한다.

8장

1. Fritz Ridenour, 『차이점은 무엇인가? 세계관과 신앙과 종교 20개와 기독교』(*So What's the Difference? A Look at 20 Worldviews, Faiths and Religions and How They*

Compare to Christianity) (Ventura; Regal Books, 2001), revised and expanded edition, 123.

2. 이것은 여호와의 증인의 설립자인 찰스 테이즈 러셀(Charles Taze Russell)의 가르침이다. 그는 성령의 신성과 지옥의 존재를 부인했으며, 1914년에 그리스도가 (문자적으로가 아니라) 영적으로 이 땅으로 돌아왔으며 워치타워 협회(Watchtower Society: 여호와의 증인의 법인-역주)의 절대적인 권위를 통해서 지금 영적으로 다스리고 있다고 주장했다.

10장

1. John MacArthur Jr., 『고린도전서: 맥아더 신약 주석』(*First Corinthians: The MacArthur New Testament Commentary*) (Chicago: Moody Press, 1984), 228.

11장

1. Allen P. Ross, 『잠언, 강해설교 주석, 5권』("Proverbs" in *The Expositor's Bible Commentary*, Vol. 5) (Grand Rapids: Zondervan, 1991), 1061.
2. Tremper Longman III, 『잠언, 베이커 구약 지혜서와 시편 주석』(*Proverbs: Baker Commentary on the Old Testament Wisdom and Psalms*) (Grand Rapids: Baker Academic, 2006), 405.

13장

1. 『ESV 스터디 바이블』이 주석을 통해 하나님이 "의도적인 살인에 기인한 죽음과 과실에 기인한 죽음을 구별한다"고 지적한다는 점은 주목할 만하다(출 21:12-14, 28-32을 보라), 178. 그러므로 종종 상황에 따라 다른 형벌이 부과되었다.

15장

1. 우리가 오직 믿음을 통해 은혜로 구원을 받는 것은 맞다. 그럼에도 불구하고, 선행은 구원받는 믿음이 존재한다는 증거로서 반드시 따라와야 하는 것이기 때문에, 이 말은 행위가 설 자리가 없다는 의미는 아니다. 마르틴 루터는 "우리는 오직 믿음으로 의롭다 함을 받지만 홀로 서 있는 믿음으로 의롭다 함을 받지는 않는다"고 옳게 말했다.

18장

1. 예수님은 민수기 21:5-9에 기록된 모세의 기사를 언급하고 있다. 거기서 이스라엘 백성

은 하나님에 대항해 모세에게 반역적인 말을 하여 하나님의 심판을 초래했다. 하나님의 심판은 독이 든 뱀을 보내 이스라엘 사람을 물게 함으로 수많은 사람이 죽는 것이었다. 그러자 사람들은 자기 죄를 고백했으며 모세에게 그들을 위해 하나님께 대신 기도해 달라고 애원했다. 모세는 그렇게 했고 하나님은 모세에게 놋뱀을 만들어 높은 장대에 매달아 그것을 보는 사람은 누구나 치유를 받게 하라고 명령하셨다. 이것은 사람들이 "높이 달린" 것을 바라봄으로 **육체적으로** 치유를 받았던 것처럼, 믿음으로 십자가에 "높이 매달린" 인자를 바라보는 사람은 누구나 **영적인** 치유와 영생을 얻는 것이 진리라는 점에서 예수님과 병행을 이룬다.

19 장

1. 그러나 복음은 영적으로 풍성한 축복을 **정말로** 약속한다(예를 들어 벧후 1:3-4을 보라).

가장 잘못 사용된 성경 구절

말씀에 대한 흔한 오해

1쇄발행_ 2015년 9월 18일
4쇄발행_ 2016년 2월 3일

지은이_ 에릭 J. 바저허프
옮긴이_ 이옥용
펴낸이_ 김요한
펴낸곳_ 새물결플러스
편 집_ 왕희광·정인철·최율리·박규준·노재현
최정호·최경환·한바울·유진·권지성·신준호
디자인_ 이혜린·서린나·송미현
마케팅_ 이승용
총 무_ 김명화·최혜영
영 상_ 최정호

홈페이지 www.hwpbooks.com
이메일 hwpbooks@hwpbooks.com
출판등록 2008년 8월 21일 제2008-24호
주소 (우) 07214 서울특별시 영등포구 양평로 11, 5층(당산동 5가)
전화 02) 2652-3161
팩스 02) 2652-3191

ISBN 979-11-86409-27-5 03230
책값은 뒤표지에 있습니다.

이 도서의 국립중앙도서관 출판시도서목록(CIP)은 서지정보유통지원시스템 홈페이지(http://seoji.nl.go.kr)와 국가자료공동목록시스템(http://www.nl.go.kr/kolisnet)에서 이용하실 수 있습니다(CIP제어번호: CIP2015024555).